私たちの国づくりへ

西水美恵子
MIEKO NISHIMIZU

英治出版

はじめに

二〇一一年三月下旬のことだった。東日本大震災の被災者を案じながら、金銭的な援助だけでは気がすまず、地球の反対側からとはいえすぐさま駆けつけることができない自分に、腹を立てていた。そのせいだろうか、無事を確認した友人の様子がおかしいと気づいた。ブログの上でもメールでも、彼らしくなく何かオロオロしている……。

大手食品会社の管理職に就くわが友の、いつもは元気はつらつなリーダーシップ精神が、病を患っていると直感した途端、あわててメールを打った。

「動きなはれ！」

天と地がひっくり返ったような惨事や、思いがけない緊急事態、行く手をさえぎる大きな壁などに遭遇すると、人は誰でも足がすくむ。私も、世界銀行で嫌というほど体験した精神状態だ。拙著『国をつくるという仕事』（英治出版、二〇〇九年）でも触れたが、バングラデシュの国土大半を覆った世紀の大洪水や、パキスタン首相の愚かな行為が引き起こしたクーデター、アメリカ同時多発テロ直後の米軍によるアフガニスタン紛争などがそうだった。一歩でも前に進まなければいつまでも後悔し続ける。それが目に見えているのに足がすくみ、動きたいのに動けない……。

そういう時、自分の尻を叩き、必ず士気を鼓舞してくれたのが、まるでおまじないのようなこの口癖だった。

「動きなはれ！」

関西弁、特に母の影響で私の母語でもある丹波弁は、命令形をふんわりと丸く柔らげてくれる。尊敬する友が後々悔いることなどないようにと、その口癖に祈りを込めてメールに託したのだ。自分以外に対して使ったのは、あの時が初めてだったと思う。

わが友は、そのことを、ブログでこう振り返っている。

震災後、彼女からのメールで「動きなはれ！」という文面を受け取った時は正直狼狽した。

できるんやろか？　どないしよう？

えーい　ままよ、と一人リュックを背負って被災地に入った。

被災地の状況に絶望したことよりも、自分の中に潜む傲慢さに何度も打ちのめされた。思い上がった考えや、世の中の風潮に浮きだった心が、少しずつ削り取られていき、心の奥底にある本気が姿を現してきていると思う。

気がつかず被災した人達を傷つけ、上から目線で被災地に対峙している自分を見つけ、嫌悪感の中で窒息しそうにもなったこともあった。それでも被災地から心を離すことが無かったのは、多くの感動があったからだと思う。それだけ本気モードになってきたということだろうか。

できることをできるペースで、できるだけ長く。これが西水さんから教わった自分なりの被災地との寄り添い方なのだ。

西水さんに火をつけられて、背中がカチカチ山のようになって、

「まだまだ若いモンに負けるか！」
「こんなやりがいのあることを若い衆にすべて渡してたまるか」（笑）
と思いながら、今月もまた被災地に向かうのである。

仙台や東松島など三陸沿岸を半年ほど渡り歩き、気仙沼大島の対策本部に入った彼は、人が変わったのかと私を驚かせた。あれから五年以上経った今でも、月に一度は大島に通うわが友に驚かされ続けている。類は友を呼ぶのだろう、リーダーシップ精神旺盛な大島の人々をこよなく愛し、「引っ越して来い」と言われるほど島民に愛され、島の復興に情熱を注いでいる。

振り返ってみると、あの時から「動きなはれ！」の口癖を心して使うようになった。

海外はもとより日本でも、若い世代の「メンター」的な相談相手になる機会が多い。相手は中学生から社会人までと多種多様な人たちで、企業その他組織のトップや中堅職につく人も少なくない。若い世代は、組織や、地域社会、国家、はては地球の未来をつくる人々だから、心の底から嬉しい「仕事」。言うまでもなく無償の奉仕と決めている。

相談ごとは皆揃って優れた内容で、いつもいい勉強をさせてもらっている。が、たまに問題の外因を重視するあまり、自分自身の意識や行動に焦点を当てて何をどうすべきかと考えない人と向き合うことがある。そういう時、「動きなはれ！」と前置きして、きまって話す小さな思い出がある。

世界銀行を辞めると決めた時、定年までまだ十年近くあったことも手伝って、次は何をするのかとよく聞かれ、その都度「Be my own boss!（自分自身のボスになる！）」と答えていた。しかし具体的な計画など何もなく、あるのは食べることに困らない年金と、高校二年で留学するまでいい教育を授けてくれた母国の、特にその未来を担う人々の役に立ちたいという、強い想いだけだった。辞任を決断するまでは足がすくみ、「動きなはれ！」を念仏のように繰り返しては、ひるむ心を幾度も幾度も鞭打った。

友人らは目を丸くし、無茶な、向こう見ずな、辞めるなと、ずいぶん心配してくれた。その一人が自国の外務大臣にでも知らせたのだろう、某国際援助機構のトップにとのお誘いまで来る始末で、ありがたい一方、辞退するのに苦労した。長かった「宮仕え」に終止符を打ち、大組織の制約を脱ぎ捨てて、不安はあってもやっと自分自身のボスになれる喜びを伝えたかったのに、想像もしない反応だった。かえって私のほうが目を丸くして、なぐさめたり、笑ったり、時にはただおろおろするばかりだった。

今となってはおもしろおかしい思い出話だが、若い世代にとっては何らかの勇気を得る糧になるらしい。話のくくりに、インド建国の父ガンジーが残したと伝わる格言「Be the change you wish to see in the world（君みずからが世に望む変化になれ）」をよく引用するが、必ず「そうだ！　人生のボスは自分なのだ！」という熱い反応を引き出してくれる。

「動きなはれ」
「自分自身のボスになる」
「君みずからが世に望む変化になれ」

それぞれ言葉は異なっても、意図するところはみな同じ。自助自立、すなわち自分で自分を引っぱり導いていくリーダーシップ精神である。

本物のリーダーシップ精神に目覚めると、それまで抱えてきた問題に対する観点がガラリと変わるのだろう。「今までいったい何を悩んでいたのだろう！」と自分を笑い、気仙沼大島に通い続けるわが友同様、まるで人が変わったように動き始める相手を見ては、リーダーシップの威力に感動する。おかげで、リーダーシップ精神の品質に注目する習慣がついたのだろう、本書にあるいろいろな話題の根底に流れるテーマとなっている。

本書に集約された毎日新聞のコラム「時代の風」の執筆陣に加わるお誘いをいただいた時、おそろしいほど遅筆なくせに、心底「書きたい！」と思った。まだ会ったこともない大勢の同胞に、いろいろな話題を通じてリーダーシップ精神の威力を感じ取ってもらいたいと。しかし、正直、母国の読者に興味を持っていただけるような内容など、海外在留の身である自分に書けるのだろうかと、迷いに迷っていた。すると、「姉御」「弟分」と呼び合う付き合いが長年続くブータンの政治家の言葉が、脳裏をよぎった。

知りあって間もなくの頃、難しい相談にのって数時間、密度の高い会話を終えた時のことだった。眉間のしわがとれ、いつもの明るい顔に戻った彼が、まるで独り言のように言った。「ミエコは僕の国をよく知るよそ者だから、胸襟を開いて真情を吐露できるのだなあ……」。生まれて初めて「私はよそ者なのだ！」と、はっきり自覚した瞬間だった。その価値を生かすも殺すも自分次第なのだと、目が醒める想いがしたのを覚えている。

私は、地球のどこにいても「よそ者」の宿命を背負っている。高校留学以来人生の大半を過ごし永住権を持つ米国では、文化的にはすっかり慣れきってしまっても、やはり異邦人であることに変わりはない。逆に日本では、母国の価値観や習慣のいろいろに違和感を覚えることが日常茶飯事になってしまった。夫の母国である英国や、今では準本拠地のようになった英国領バージン諸島でも、同様なのは言うまでもない。

ちなみに、私のような「よそ者」の集団と言える世界銀行でもそうだった。大組織の官僚的な文化に馴染めなく、組織文化を変えることに専念したからだろう、いつの間にか「宇宙人」と呼ばれるようになっていた。日本の政治家にも同じあだ名を持つ人がいると知ってからは、自称「火星人」で通す癖がついた。

何を書くにしても、この「火星人」の観点を常に意識していればいいのだと考えた。それなら少しでもわが同胞のお役に立つ内容になるかもしれないと、「時代の風」執筆を承諾した。

そうして二〇一二年四月から五週間に一回の頻度で書き始め、大勢の方々から励ましをいただいた。毎日新聞経済部（当時、現宇都宮支局長）の古田信二氏は、毎回原稿を送ると、即座に的確でユーモアに富んだ助言やコメントを寄せてくださり、メッセージを巧みに伝える見出しをつけてくださった。原稿を緻密に点検してくださった校閲陣の方々からは、日本語の学習以上の知識を授けていただいた。北海道から沖縄県まで全国各地の読者から届く感想やお叱りも、大変ありがたい学習の糧になった。四年間も書き続けることができたのは、古田氏と、校閲担当の方々、そして思いがけないほど多くの読者の皆さまのおかげである。この場を借りて心よりお礼を申し上げたい。

今回集積して本となったのも、多くの方々のご支援のおかげだ。ご多忙にもかかわらず、本著の解説を快く引き受けてくださった、NPO法人フローレンス代表理事の駒崎弘樹様。素晴らしいビジョンと価値観を貫く英治出版を設立なさった原田英治代表取締役。拙著『国をつくるという仕事』以来、思いやり深く導いてくださる高野達成編集長と、全社員の方々。その他にも書ききれないほど多くの方々のご支援あってこそと、下がった頭が上がらない。

この本が、わが同胞、特に日本の未来を担う若い世代にとって、リーダーシップ精神を培う小さなきっかけとなれたらと、夢見る。愛する母国の未来のために……。

平成二十八年神無月吉日
米国首都ワシントンにて

私たちの国づくりへ　目次

第五章　人こそ礎

＊本書は二〇一二年四月〜二〇一六年三月に『毎日新聞』の「時代の風」にて連載されたコラムに若干の加筆修正・改題を行い一冊にまとめたものです。

＊著者の意向により本書の印税はすべて「雷龍の国」ブータンのタラヤナ財団に寄付され、貧しい家庭の児童の教育費等に役立てられます。

第一章

復興の道

「緑の真珠」気仙沼大島

東日本大震災以来、帰国のつど被災地を歩いて、はや二年めの師走が訪れた。駆け足の旅も数えると、岩手と宮城の沿岸は、ほとんど巡った。

被災地の方々に多くを学ぶが、どこで誰に会っても、共通する教えがひとつある。迅速かつ持続的な発展につながる復興には、被災者の自助自立精神が不可欠で、それなしには、緊急時に生じる地域社会の団結さえ長続きしないのだと。世界銀行で学んだ貧困解消の条件にも通じる教訓だ。

今秋初めて訪れた気仙沼大島（宮城県気仙沼市）でも、同じことを学んだ。ただ大島の教えは、魂を揺さぶるような感動を伴っていた。

いまだ津波の爪痕が生々しい被災地ばかりを見てきたせいか、大島の初印象は強烈だった。陸中海岸国立公園と海域公園に指定された島の姿は、長年観光客に親しまれてきた愛称「緑の真珠」を裏切っていなかった。周囲の澄み切った海にずらりと並んで浮かぶ貝類養殖いかだにも、驚いた。波止場に降り立った時、この島には本当に三・一一があったのだろうかとさえ感じ、その印象は決して偶然や幸運の結果ではないと知った。

二二キロの海岸線を誇る大島は、東北で最も大きい有人島。気仙沼港のすぐ沖に、まるで外洋から港を守るように横たわっており、「気仙沼の防波堤」とも呼ばれる。津波は、その「防波堤」の外洋側を直撃し、引き波がまた気仙沼湾側を襲った。来る波と帰る波が島の中央で激突し、時には二〇メートルほどの水柱が立ったそうだ。「大津波は島を三つに分断する」という大島古来の伝説が、ほぼ現実になった。

人口約三二〇〇人のほとんどは丘陵地に避難したが、行方不明者を含めて三一人の島民が犠牲になった。無数の船や養殖いかだと共に、一二〇〇戸ほどの家屋が、被災した。

その夜、気仙沼港の重油タンクから流出した油に火がついた。海が燃え、島の山林に引火した。孤立無援状態におかれた島民は、消防隊員七人の指揮下、コンクリートミキサー車で海水を運び、集落を守る防火帯を素手で作り、夜間はくすぶる火を踏み消そうと山に入り、五日間夜を徹して消し止めたそうだ。「緑の真珠」を守った人々の回想を聞きながら、鉄のような自助自立精神を感じて、涙が出た。

2011年3月12日未明の気仙沼湾（提供：ヤマヨ水産代表　小松武氏）

鎮火後、若い衆が自発的に結集。災害対策をたてながら、救済・復旧活動を開始した。家を失った若者や、家族が行方不明の者、漁船や養殖いかだを流された者たちが、島のためにと無報酬で働いた。お年寄り衆は、そんな彼らを誇らしげに「おばか隊」と呼び、温かく支え続けたそうだ。

「おばか隊」の活動はすさまじかった。インターネットを駆使して、必要な義援物資の情報を全国に発信、適時適所に配給し続けた。ボランティアもネット上で公募して、年間延べ一万一〇〇〇人を超える有志を組織、指導した。

おかげで、島のライフラインや、がれき撤去などの公共復旧事業は、一年足らずでほぼ収束。二年目からは地域に混在する多様なニーズに焦

極寒の中、養殖いかだを固定する重りづくりに勤しむボランティアたち。2012年2月（提供：ヤマヨ水産代表　小松武氏）

点を絞る支援が必要だと、「おばか隊」は自主的に解散。若者たちは、災害対策から復興と島づくりへ方向転換し、基幹産業である観光と養殖業の発展のために動き出した。

日本人の多くが震災を忘れ始めたと言われる今日、「おばか隊」の自助自立精神にほれ込んで、長期滞在をしたり定期的に通ったりするボランティアが、後を絶たない。企業や、NPO、全国各地の学校や地域社会をあげての支援も、いろいろな形で続く。

友人にも大島通勤組の一人がいる。金曜日はリュックに長靴、ヘルメット、防護用ゴーグルの重装備で出勤。仕事を終えて真夜中近く、東京・池袋発の高速バスに乗り込み、翌日早朝、気仙沼に着くまで寝る。港から連絡船で三〇分、島に渡り、土曜をボランティア活動に費やす。そして気仙沼深夜発の高速バスで池袋まで眠る。彼は、「最初この島に来たときから、おばか隊にいろんなものをもらった。僕は欲張りなので、帰ってくるとまた足が向いてしまう」と、笑う。

私を驚かせた養殖いかだも、彼のようなボランティアの労力によるところが大きい。そして今、彼らは現状に必ずしもそぐわない復興行政の壁さえ克服しようと動き出した。

政府の養殖復興支援事業は国の基金が漁業協同組合を介して養殖業者に復興経費を支払い、漁協組合系統への出荷を義務づけて、水揚げ金を返還にあてる。高品質を目指して独自の販売経路を開拓した業者には、使いにくい制度だ。

「おばか隊」の一員だったカキ養殖業者は、顧客との絆を捨てるわけにはいかないと、「喉から手が出るほどほしい」国の支援を断念した。復興資金も自分の力でと、一口一万円でカキ二〇個を約束する「オーナー制度」を発案。全国のボランティア有志が、オーナー誘致に奔走している。

被災者にも、支援者にも、同じく自助自立精神が生きてこそ、速やかな復興が実る。気仙沼大島は、日本再生に一筋の希望を与えてくれた。

（二〇一二年一二月二日）

日本から学ぶ10のこと

東日本大震災以来、おのずと三月一一日が年月の節目になった。あの日の午後二時四六分を少し回った頃のこと。在留中の英領バージン諸島では、同日午前二時前だった。けたたましい電話の呼び出し音に何事かと飛び起きた。世界銀行ワシントン本部から東京に出張中の、元部下からの国際電話だった。「ミエコの口癖を思い出して」と、大津波警報を伴う巨大地震が起きたことを知らせてくれた。

インド、パキスタン、バングラデシュなどがある南アジア地域は、地震、洪水、サイクロン（台風）と、自然災害が頻繁に起きる。その地域に関する全世銀業務の責任者だったことから、危機管理体制を厳しく敷いていた。

人間の脳は痛みを避ける仕組みになっているらしく、リスクの話になると、楽観主義者が急増する。だから、「リスクを確認したら、最悪状態を覚悟すべし。問題は、リスクが起きるか否かではなく、いつ起きるかだ。それが五分後でも、五〇年後でも、即座に対応できなければ、世銀の名が廃る」と、口を酸っぱくして言っていた。

電話主の元部下が覚えていた口癖は、「緊急事態が発生したら、誰でも、どこからでも、何時でも、たとえ真夜中でも、まず私をたたき起こして！」。もちろん、躊躇《ちゅうちょ》する職員など、一人もいなかった。

一九八五年メキシコ地震に遭遇し、世銀が送り込んだ捜索隊を大げさと笑った部下だった。緊急時に肝が据わる彼女が涙声なのに気づいて、驚いたのを覚えている。途切れ途切れの通話も、震災や通話規制のせいではなかった。

「今、帝国ホテルに向かって歩いている……ミエコの同胞は素晴らしい……強い余震が来るなかで……誰もかれもが落ち着きはらって……まわりの人を思いやって……助け合っている……こんな民族が住む国がこの世にあったなんて……信じられない……ミエコの国はすごい……」

格差が社会の不安定を呼ぶ発展途上国はもとより、米国のような先進国でさえ、自然災害の後には、必ずと言っていいほど略奪や暴動などの人災が突発する。彼女は、その恐ろしさを、身をもって知っていた。だからこそ、わが同胞の行動に深い感動を受け、魂が揺さぶられたのだろう。

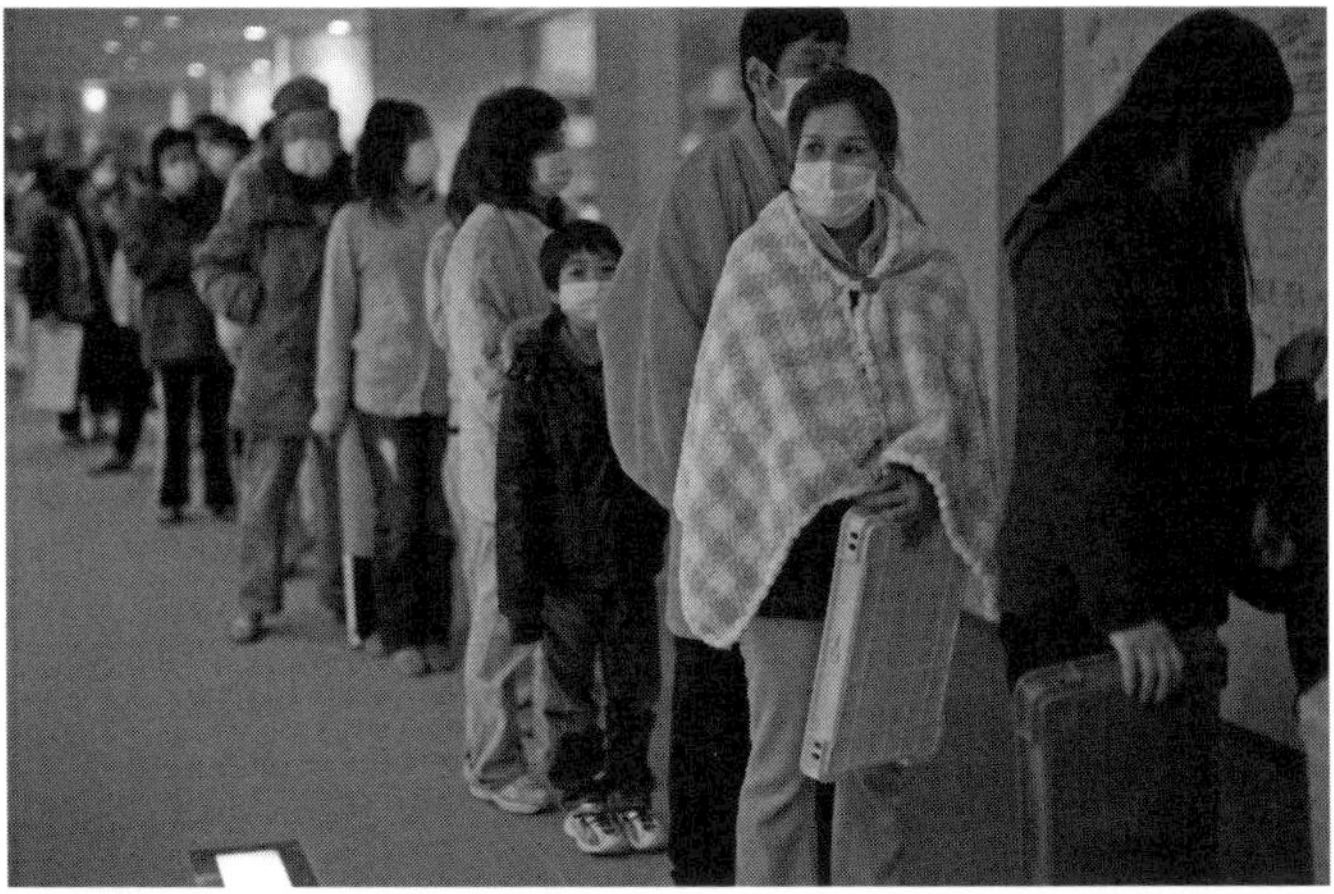

避難所で物資を受け取るため整然と列をつくる人々。2011年3月22日、宮城県気仙沼市（写真：Paula Bronstein /Getty Images）

深夜の電話からしばらく。ワシントンに戻った彼女から「これが世銀やIMF（国際通貨基金）はもとより世界中を駆け回っている」と、一通のメールが転送されてきた。「10 things to learn from Japan（日本から学ぶ一〇のこと）」と題したそのメールに、こうあった。

①The Calm（平静）。悲痛に胸を打つ姿や、悲嘆に取り乱す姿など、見あたらない。悲しみそのものが気高い。

②The Dignity（威厳）。水や食料を得るためにあるのは、秩序正しい行列のみ。乱暴な言葉や、無作法な動作など、ひとつとてない。

③The Ability（能力）。例えば、驚くべき建

築家たち。ビルは揺れたが、崩れなかった。

④The Grace（品格）。人々は、皆が何かを買えるようにと、自分に必要な物だけを買った。

⑤The Order（秩序）。店舗では、略奪が起こらない。路上では、追い越し車も警笛を鳴らす車もない。思慮分別のみがある。

⑥The Sacrifice（犠牲）。五〇人の作業員が、原子炉に海水をかけるためにとどまった。彼らに報いることなどできようか？

⑦The Tenderness（優しさ）。レストランは、値を下げる。無警備のATM（現金自動受払機）は、そのまま。強者は弱者を介助する。

⑧The Training（訓練）。老人も子供も、全ての人が、何をすべきかを知っていた。そして、すべきことをした。

⑨The Media（報道）。崇高な節度を保つ速報。愚かな記者やキャスターなどいない。平静なルポのみがある。

⑩The Conscience（良心）。停電になった時、レジに並んでいた人々は、品物を棚に戻して静かに店を出た。

真のインスピレーションを感じる。日出ずる国で起こっていることに。（著者和訳）

余すところひと月で、大震災からもう三年めが訪れようとしている。なのに、復興の「槌《つち》音」が聞こえない。最近は、欧米諸国の知識人に会うたびに、「日本政府は何をしているのだ。他の国なら暴動ざただ！」と注意され、赤面することが頻繁になっている。

だからこそ、忘れてはならない。かけがえのない大きな犠牲をはらった人々が、厳しい状況に耐えながらも、今なお希望を失わずにおられることを。

そして、私たちがあたりまえだと思っていることを、いかに世にまれなことかと驚異の念をもってたたえ、だから日本は大丈夫と支えてくれる人々が、世界に大勢いることも……。

（二〇一三年二月一〇日）

大槌の観音さま

特定非営利活動法人テラ・ルネッサンスが、国際交流基金地球市民賞を受賞した。この賞の対象は、日本各地の特性を生かす国際交流活動。斬新かつ先導的で、国内はもとより、世界に発信する価値があるとみなされる活動が、表彰される。

朗報に、東日本大震災以来「大槌の観音さま」と呼ぶ方たちを思い、手を合わせた。

テラ・ルネッサンスは、二〇〇一年、カンボジア旅行で悲惨な地雷被害に衝撃を受けた鬼丸昌也氏（当時大学生）が、帰国後間もなく設立した。カンボジアでの地雷除去支援はもちろんのこと、地雷埋設地域の村落開発や、義肢装具士育成などの支援と共に、ウガンダとコンゴ民主共和国で元子供兵の健全な社会復帰を可能にする活動も、支援してきた。日本では、甚大な津波被害をこうむった岩手県大槌町で、「大槌復興刺し子プロジェクト」を運営している。

震災当日、鬼丸氏は、支援に入るか否か「正直、悩んだ」と言う。むろん海外活動規模の縮小は選択外。緊急時の支援どころか、日本国内での支援さえしたことがない。資源も経験も足りない小さな団体に、何ができるのか……。

組織の存続そのものを危うくしかねない決断の時、ウガンダの事務所から電話が入った。残酷な過去を葬り社会に復帰した元子供兵らが、「自分たちを支えてくれた優しい日本人のために、今、何ができるのか」と話し合い、募金をしたとのこと。寄付金は約五万円。なんと、ウガンダ国家公務員の平均給与七カ月分に相当する大金だった。

送金のうち合わせをすませた現地職員が、電話を切る前に問いかけた。「で、あなた方は何をするの?」。テラ・ルネッサンスの選択肢が「すべきか、否か」から「何をどうすべきか」に、一変した。

大槌復興刺し子プロジェクトは、東北各地に根付く伝統工芸「刺し子」製品の企画と、制作、販売の事業化に取り組む。震災直後、ボランティアとして大槌に入った若者が、働く場を失った避難所の女性たちに「何か夢中になれる」機会をと考えたのが、出発点。数人の刺し子さんと細々と始めたプロジェクトは、今では約一三〇人もの女性が働き、生きがいを見つけ、仲間との絆に癒され、生活の再建に挑むまでになった。刺し子の収入を元手に店を開く女性など、地域の雇用機会にも良い影響を与え始めている。

内外に増え続ける顧客と共に、多くの人から寄せられる善意が、ここまでの成長を支えてきた。中でも知識支援は、事業の持続性に大きな違いをもたらしている。大槌町のシンボルかもめをあしらう某デザイナーの企画品は、刺し子の伝統を重んじつつも一線を引き、大槌刺し子のブランド化に貢献している。岐阜県高山市の老舗「飛騨さしこ」が提供する技術指導は、刺し子職人が驚くほどの技を大槌に移植。復興事業から工芸ビジネスへと脱皮する基礎を敷きつつある。

このように戦略的な知識支援の数々は、大槌刺し子がただの復興事業ではないことを物語っている。目指すは、地域の住民が自分たちの力で地域の課題を解決する動力となる、コミュニティー・ビジネス。テラ・ルネッサンスは、大震災から一〇年以内に、大槌刺し子の現地法人化を果たすと宣言している。地域のことはその地域の人々によって意思決定・運営されるのが望ましいと、知るからだ。

ここに、テラ・ルネッサンスの事業が光る訳がある。鬼丸氏の言葉を借りれば、「支援の受益者が主人公」という主張。カンボジアでも、ウガンダとコンゴでも、大槌町でも、関わる支援事業全てに貫かれている理念だ。

世界銀行も、この理念こそ支援の効率と持続性の分水嶺《ぶんすいれい》だと学んだ。昨今目立ってきた復

大槌の観音さまたち（提供：NPO 法人テラ・ルネッサンス）

興行政の遅れや諸々《もろもろ》の過ちが示すように、支援側が「主人公」になると、取り返しのつかない失敗が起きやすい。受益者のオーナーシップとリーダーシップは、支援の奥義だと言っても過言ではない。戦火や自然災害からの復興、村おこしや町づくり、ひいては国家経済の発展にさえも共通する奥義である。

私事、格別信心深い人間ではないが、世銀で担当していた国々で、その奥義を極める現場に出合うと、観世音菩薩の姿が脳裏に浮かぶようになった。衆生の苦悩に応じて姿を変え、大慈悲を行ずると信じられる変化観音。そのお姿が、草の根の声を深く聴き、自助自立の道へと手を差し伸べる謙虚な支援の在り方に、重なったのだろう。

二年前、三陸沿岸の大被害を目のあたりにして絶望感に打ちのめされていた時、その観音さまに救われた。想像を絶する苦難を乗り越え、一針、一針、前進する大槌の刺し子さんたち。そこに寄り添うように働くテラ・ルネッサンスの職員たち。皆の明るい笑顔に「これこそ誠の人助け」とほほ笑む観音さまが映った。

官民共に復興に関わる全ての人々かくあれと、願ってやまない今日このごろである。

（二〇一三年三月一七日）

成長産業復興に「国」の壁

「俺は負げねぞ！」。気仙沼大島（宮城県気仙沼市）で養殖業を営む若者の声にＪ・Ｍ・ケインズの諭しを聴いた。「経済学にマクロとミクロの違いはない。あるのは優劣の差のみだ」

二〇一〇年二月二八日、チリ大地震津波が大島の全養殖いかだを奪い去った。一年後、懸命な復旧作業のめどがつき、ようやく新しいいかだに種付けを始める矢先の東日本大震災。いかだはもちろん、船や、陸の作業施設、そのうえ自宅まで失った業者も少なくない。

それでも「負げねぞ！」と歯をくいしばる海の男が見据える相手は、「国」。大洋ではない。海の回復は、驚くほど速い。津波の大掃除で、海が元来持つ力を取り戻したからだ。再建された養殖いかだの貝類は、例年の二倍ほどの速度で成長している。反して陸は後れをとり、このままでは業者の努力を水の泡にしかねない。

大島は、気仙沼湾の入り口から中心にかけて南北に細長く横たわる。島を本土から切り離す

被災を乗り越え、気仙沼大島の瀬戸にまた並びはじめた養殖いかだ。2015年春（提供：ヤマヨ水産代表　小松武氏）

海峡の名は「大島瀬戸」。幅二三〇メートルまで狭まるその清澄かつ激しい潮流は、類あっても比のない魚介類を育む。貝類養殖業は、大島の成長産業だ。

若い世代の養殖業者は、大島の未来を担うと自覚するリーダーたち。彼らにとって、島と養殖業の成長戦略は、大島瀬戸のブランド化だ。ゆえに、戦略の一環として「顔の見える」顧客網を、地道に開拓してきた。「よそ物と交ぜ二束三文で売ってしまう漁協に頼ったら、後継者が育たん」という危機感も、背景にある。

しかし、基金として運営される「国」の養殖復興支援事業は、漁業協同組合を介して復興経費を支払い、漁協系統への出荷を義務づけて、水揚げ金を基金への返還にあてる。「大島瀬戸

被災後初の収穫に笑顔のボランティアたち（提供：川尻健裕氏）

ブランド」戦略を捨てなければ使えない支援なのだ。

そのうえ「国」は、復興支援事業を通じて、より収益性の高い生産体制の実現を目指す。復興理念としては当然だが、問題は支援の対象となる業者をグループ化する施行手段。経済学の初歩知識だが、生産規模が大きいほど経済効率が上がるという法則は、何にでも応用がきくわけではない。

山と海が絡み合うリアス海岸の地形は、グループ化を困難にする。が、生産性低下を承知で共同水揚げ処理工場の支援を申請した業者らは、億を超える見積もりに仰天。自前金（六分の一）で業者別に工場が建つ。「収益を下げる共同工場は高くても補助対象。収益を上げ、安くつく個人工場は対象外。税金の無駄遣いはやめだ」と、涙をのんだ。

「国」の壁にどう邪魔されようが、復旧作業は黙々と続く。まだ震災前ほどではないにしろ、再建された養殖いかだが、大島のリアス海岸をなぞりつつ首飾りのように並ぶ姿は、壮観だ。

そのいかだ一台ごとに、一六〇本の縄がそれぞれ四〇〇個のカキの種を抱えて垂れ下がる。いかだ一台でカキ六万四〇〇〇個。震災前は約三〇台だったいかだを四五台に増やす計画を進める業者もおり、それだけで二〇〇万～三〇〇万個の水揚げ高になる。いかだも、そして養殖業も、決して小規模な復興事業ではない。

全国各地と海外からの支援物資や、義援金、遠路島に通い続ける大勢のボランティアが、今日までの復旧を支えてきた。一一年の冬、いかだ再建に着手した業者は、経費にいくばくかの補助金が出ると信じて必死に作業を進めた。ボランティアと共にがれき一時保管場所から選び出した綱など、使える漁具は何でも使った。広島県の同業者らは、いかだ用の孟宗竹《もうそうちく》を寄付。大挙して組み立ての手伝いにまで来てくれた。

だが「国」の補助は、漁協が一括手配した設備に限られ、支援物資や中古品を含む設備にかけた自前の経費は対象外。変更を願ったが、震災前の約半数のいかだに種付けを終えた昨年の秋、却下された。某ボランティアは「怒りで手がブルブル震えた」と、振り返る。陳情を受けた宮城県庁が水産庁に再検討を願い、本年早春、やっと変更された。

朗報を素直には喜べなかった。地域成長産業の復興を左右する規則が、現場から遠い行政の裁量ひとつで決まる。空恐ろしかった。

東日本の復興は日本経済再生の要。それを邪魔する悪魔はミクロ経済の細部に潜む。「負けねぞ！」とがんばる同胞を案じつつ、わが国のガバナンスに強い危機感を抱き始めている。

（二〇一三年四月二一日）

世銀と漁業協同組合

Fifty years is enough!（五〇年でもう結構！）。一九九〇年代中ごろ「世界銀行を潰せ！」と立ち上がった、グローバルな市民運動の名だ。世銀年次総会での過激デモなど、当初の暴走行為はもう見受けないが、活動は今も続く。宮城県沿岸を歩くつど、その名が脳裏をよぎる。

震災後初めて入ったのが宮城県だった。土地柄、漁業に携わる被災者に話を聞く機会が多かった。海と共に生きる人々が、かけがえのない多くを奪ったその海に、寛容な心を持つと知った。その優しい心に宿る凛《りん》とした厳しさ。鋭利な危機管理の姿勢。水平線のかなたを見極める先見の明。口数少なくとも本音を載せる言霊。漁民の文化に胸を打たれ、宮城の海の衆を同胞に持つことに誇りを覚えた。以来、帰国のつど足を運び、貴重な学習の時間をいただいている。

なかでも目からうろこの思いで知ったのが、漁業協同組合を憂う漁民の傷心だった。「漁協

世界銀行の入口前で抗議活動を行う群衆。2000年4月17日、ワシントンD.C.（写真：Carolyn Cole/Los Angeles Times via Getty Images）

が漁民の方を向いてくれない」。浜から浜へと言葉は違っても「誰のための組合か」と怒りを隠さぬ漁民の声は、「潰せ」と言われて当然だった昔の世銀をほうふつとさせた。

世銀も漁協と同じ組合だと言うと、驚く読者もおられよう。名は銀行でも、組織は加盟国を会員とする信用組合。融資を受ける発展途上国も、その必要がない先進国も、共に株主・組合員である。それぞれ出資金のごく一部を払い込み、配当はないが、経済力を反映する額の株を持つ。漁民が無配当の株を購入して組合員になるのと違わない。

世銀の使命は「貧困のない世界をつくる」こと。市場から好条件で借りる力のない途上国に、経済開発や、戦禍や災害からの復興に必要な長期資金を、低金利で用立てねばならない。

資金源は、日本では「世銀債」と親しまれている債券。市場最高の信用格付け（ＡＡＡ）のおかげで、低金利で発行できる。が、健全な経営を怠れば信用は落ち、金利が上がる。途上国はもとより、多額の資本金を持つ先進国も、国家財政に悪影響を受けかねない。途上国は返済努力を惜しまず、先進国とそろって最高格付けに値する世銀の経営品質を促進する。

言うまでもないが、組合員の国々は、貧困解消業務の成果から得る国益が協賛に値するからこそ加盟したのだ。良い成果がある限り、信用組合の金融秩序を一同力合わせて保ってくれる。

その成果は、ローカルとグローバルの両知識が融合して生じる。現場の知識が主導する事業を世界先端の知識が支援して、草の根の目線に価値を加える。つまり現地事務所の主導のもと世銀本部が支えるべきなのに、現実は逆の中央集権型。現地事務所は本部の意思を組合員に伝える配達係で、権限は皆無同然。いちいち遠い本部に「お伺い」をたて、仕事が遅れ、現場音痴の判断が増えた。組合員の過半数でもある貧民の苦難を知ろうともしなかった。

当然、業務評価は下落を続けた。融資総額に減少の兆しが表れて慌て出し、「五〇年でもう結構！」の叫びに目が覚めた。組織をひっくり返して現地分権制度を確立。やっと組合員に顔を向け、生き返った。この組織改革が世銀で最後の仕事だったせいか、宮城の漁民の傷心を人ごととは思えなかった。

例えば、養殖貝類の全県同一出荷開始日。出来が良い浜は出荷停止を受ける。育ち続ける貝の重量がいかだを沈め、沈没を防ぐ経費はばかにできない。そのうえ品質の差を反映しない競売制度が、「漁民を生かさず殺さず」の仲買相場を許す。品質を収益につなげる販路の開拓をと望む漁民の声は届かない。震災後は、「支援規則と現場の矛盾があっても、漁民と一緒に声を上げてくれない……」。

相談する地元の出張所は「ここでは何とも言えない」の連発。案の定、漁協組織は中央集権型だった。県の地区ごとにあった漁協が、六年前合併されたと知ってあぜんとした。理由は魚価低迷による財政難と聞くが漁民は「もうがんね仕組みはほったらがす。ただの帳尻合わせだべ」と苦笑する。

県知事の免許を受け漁業権を管理するとはいえ、漁協は株主である組合員から漁業権使用料と水揚げ販売手数料をいただく身だ。そっぽを向かれたら、組織の終幕が始まる。同じ組合同士、「潰せ！」と言われた世銀から学ぶ事は多い。


（二〇一三年五月二六日）

世界に誇れる町づくり

毎年二回の一時帰国では日数が限られるものの、できるだけ東日本大震災の被災地に足を向ける。なかでも、岩手県大槌町の訪問は欠かさない。縁あって小さな支援を続けていることもあるが、大槌には人の心をひきつけるオーラがある。

人的にも物的にも被災地自治体で最悪かそれに近い被害を受けた町だ。ほとんどの公共施設と経済基盤がガレキの山と化した。その上、町長と管理職大半を含む約四分の一の役場職員が津波の犠牲になり、庁舎と共に町のあらゆるデータが流されて、行政機能が約半年間麻痺《まひ》。復興作業の開始が大幅に遅れたことから、「周回遅れのトップランナー」とさえ呼ばれた。

大槌を初めて訪れたのは二〇一一年の秋。町としての機能の大半を失ったのは明らかなのに、地域社会が生き生きと動いているように感じて、不思議に思った。その訳は、訪問を重ねるうちに見えてきた。

緊急事態時に指揮をとるリーダーは、トップダウン命令型の行動に出るのが常だ。しかし、震災五カ月後町長に就任した碇川《いかりがわ》豊氏の行動は、逆だった。

氏の著書『希望の大槌』(明石書店、二〇一三年)に詳しくあるが、町長は、復興のプロセスが重要だと考えた。震災前の町民に、行政がすることを傍観して後から批判するという「人ごと」意識の傾向があったのを案じ、町民こそ復興のエンジンであるべきだと決意した。町民が考え、決め、自分たちの町づくりという意識を共有して動かなければ、震災前に過疎指定を受けた町に持続性の高い未来はない。「急がば回れ。いくら時間がかかってもいい」と。

大槌に根強く残る「結い」の文化に、この「ボトムアップ戦略」の素地を見たそうだが、町長の選択は世にまれだ。本気で民に仕えるリーダーの模範と言っても過言ではない。

まず、住民主体を基本理念と位置づける「大槌町災害復興基本条例」が整えられた。この法的な礎と碇川町長の情熱に支えられて、町内一〇地区の住民による各地域復興協議会が結成され、「ボトムアップ戦略」が動き出した。

老若男女に高校生など子供たちまでが自主的に参加し、膝を突き合わせ、町全体と各地区の未来を描き、議論に議論を重ねて復興計画を練りあげた。各地区の若い世代が、協議会のリーダーとして大活躍。大槌に国際沿岸海洋研究センターを置く東京大学の教授や研究者らが、進行係・まとめ役として奉仕した。行政は終始事務方に徹し、よくある「たたき台」は皆無。決してうわすべりな参加型プロセスではなかった。

時間がかかるどころか、「周回遅れのトップランナー」は、あっという間に他の被災地自治体に追いついた。震災の年の師走には全地区の復興計画が完成し、町の基本計画としてまとめられたのだから、驚異的なスピードと言っていい。

この春訪れた大槌では、植林や、堤防工事、土盛り作業が着々と進んでいた。入居済みの災害公営住宅も増え、年度内に完成を予定する大槌病院や消防署など公共施設の工事も、ピッチをあげていた。

世界銀行も、設立来七〇年の経験から、援助を受ける民が和合して表す主体性こそ迅速な施行と高い成果への鍵だと学んだ。その見極めに特に役立ったのは共同体となった人々が必ず共有する価値観。融資や予算がつくモノより、社会の持続を可能にする自然や無形文化財を重んじる価値観だ。

だからか、よりうれしかったのは、町民が率いるさまざまな活動が勢いづいていたことだ。「町を育てる人を育てる」活動を続ける団体「おらが大槌夢広場」。水産業者がノウハウを結集し、大槌の海の幸のブランド化へと連携する協同組合「ど真ん中・おおつち」。列挙しだすと

「急がば回れ」議論に議論を重ねる大槌町の人々（提供：碇川豊氏／前大槌町長）

きりがない。

若い衆が率先して始めた「大槌陣屋」もそのひとつ。町民が町民を講師として学ぶ集いで、里山など見落とされてきた自然の財産や、郷土史、食文化、伝承に値する風習など、多様な教科内容だ。その活動は、内外観光客の誘致やIターン促進のために町民一人ひとりがガイドとなる可能性を秘めると、期待されている。

「名もない人の声を聴くことこそ政治」と言い切る碇川町長。稀有《けう》なリーダーに支えられ「みんなでがんばっぺし」と力合わせる大槌の民。わが国が世界に誇れる町づくりである。

（二〇一五年七月五日）

地震学から学ぶ

東日本大震災発生の知らせを受けた時、世界銀行でリスク管理責任者だった頃の口癖が脳裏をよぎった。「リスクを確認したら、たとえこの先五〇年間のことでも、最悪状況の発生確率を一〇〇パーセントと覚悟して、対応態勢を整えよう」。リスク管理は自己管理。一時帰国の最中に被災するリスクを考えるようになった。

しかし、人の脳には痛みや嫌なものを避ける仕組みがあるのか、どうしても楽天家になりがちだ。「まさか」と目を背けるのが、ごく普通の心理なのだろう。

そんな自分を戒めるために、地震学をかじってみようと思い立った。雑学的に読みあさり、地震調査研究推進本部と防災科学技術研究所のホームページに掲載される資料は、かたっぱしから読んだ。私のような一般読者でもとっつきやすいものが多く、わが国の地震の構造や、地震動予測の基本、予測誤差の考え方などが面白いほど理解できた。

未知の分野が多いと分かりかけた頃、防災科学技術研究所の天体と地震に関する研究に興味を持った。スマトラ沖大地震（マグニチュード〔M〕九・一）が起きた二〇〇四年クリスマスの、巨大な赤い満月が忘れられないからだろう。

月と太陽の引力は潮の干満を起こす。が、海水だけではなく地殻さえ引っ張り毎日二回地球の形が変わる「地球潮汐《ちょうせき》」も起こすそうだ。それほどの引力が、大きなひずみの力が蓄積している断層に働きかけ地震の引き金となる「トリガー現象」は、ストンと腑《ふ》に落ちた。

「知識は力なり」とはよく言ったもので、知れば知るほど被災リスクの現実味が増した。そうして昨年一二月一九日、地震調査委員会が公表した報告書で目が覚めた。目覚まし時計になったのは、報告書にある二つの地震動予測確率。周知の事だが、一つは南関東地域にM七クラスの「首都直下型地震」が起こる確率で、二〇一四年から三〇年以内に七〇パーセント程度。もう一つは南海トラフ地域にM八～九クラスの地震が起こる確率で、これも同じく七〇パーセント程度。

いつ起きても当然で、どちらも火災と津波のリスクを伴う。「まさか」とのんきに構えてはおれないと、覚悟の度合いが変わった。

手始めに、帰国中どちらかの地震が起こると想定して、試験的に講演などのスケジュールを立ててみた。まず首都圏内にいる日数を必要最小限に抑える。地方での予定を優先するが、東北以外は可能な限り太平洋沿岸地域を避ける。

むろん国内移動手段にも同様の注意を払ってみた。羽田空港は避け、東海道新幹線はもとより、都内の移動に地下鉄や高架線などを使うか否かは、月と潮の暦を参考にした。

相当拘束されると懸念したが、意外と楽に仕上がった。利用する宿はむろんのこと、新幹線、在来線、航空便などの詳細も決め、もしもの時どこにいたかがすぐ分かるようにと、スケジュール表を夫に渡した。災害用伝言板（web171）の利用方法も二人で一緒に確認し、二次被災の懸念から、たとえ行方不明になっても絶対捜しに来ないようにと頼んだ。

緊急時常備品は、旅だからこそ必需品になる。大けがでもしない限り、数日間身の安全を保てる七つ道具の携行は、世銀時代からの習慣だ。救急薬品や、消毒用ティッシュ、手動充電式懐中電灯、十徳ナイフ、毛布代わりにもなるショールなど、かさ張らないものがそろっている。が、日本では無用と省いていた携帯ラジオと浄水錠剤も用意して準備完了。旅立った。

帰国が終わりに近づいた五月二五日。東北新幹線で東京に向かっていた午後二時半ごろ、埼玉県北部を震源とする地震（M五・五）があった。急に速度が落ちたのでそろそろ宇都宮かなと思ったら、車内警報のチャイムが鳴り、列車が停止。車内掲示板に緊急地震速報が光った。

「関東地方に大きな地震が発生しました」

首都直下型地震かと覚悟した。車体が揺れ始めた時、ふと「この国はどうなる」とつぶやいていた。妙に落ち着き払った自分にあきれたが、周到なリスク管理は、いざという時心の支えになると、初めて知った。

今は、国家の中枢を襲う大地震がわが国に与える影響を勉強中。世銀で使い慣れていたカントリーリスク分析のほこりを払いつつ、三〇年先の日本が、政治経済体として安定している確率はいかにと……。

（二〇一五年八月九日）

「ヤマトは我なり」の力

マグニチュード（M）七クラスの首都直下地震とM八〜九クラスの南海トラフ地震がわが国にもたらす影響を調べてみた。大震災後に政治と経済が安定しうる確率を考えた上で、日本のカントリーリスクを見直したかったからだ。

すでに周知のことだが、両地震とも、二〇一四年一月一日から三〇年以内に七〇パーセント程度の確率で起きると、予測されている。そのうえ、どちらも長期的な周期で起こってきた地震である。リスク管理の観点からは、必ず起きると想定するのが妥当で、分からないのはいつ起きるかのみだと考える。

わが国では、政治はもとより行政組織も中央集権型に偏り、司令塔が首都に集中している。企業にもその傾向がある上、生産、流通、その他さまざまな経済活動の重心は、南関東から東海地方の太平洋側にある。そういう地域が大震災にあえば、影響が全国に及ぶのは明らかだ。

被害規模は津波と火災が併発するか否かに左右されよう。しかし、最悪状態に備えるのがリスク管理、すなわち防災への正しい姿勢だ。政府の中央防災会議・防災対策推進検討会議の最終報告書にも、この姿勢が顕著に表れている。

報告書が想定する最悪状態は、首都直下地震と南海トラフ地震が連動し、火山噴火も続発するという歴史にも例を見るシナリオだ。もしもこの状態が発生すれば「立ち直りが難しい、まさに国難ともいえる状況となるおそれがある」（「ゆるぎない日本の再構築を目指して」二〇一二年七月三一日、内閣府・防災情報のページ）と、言明している。

報告書と、その背景資料を全て読み終えて、世銀で使い慣れていた国家安泰のリスクを分析する手法は歯が立たないと、悟った。国も組織も、成すのは人間。ゆえに「国難」から立ち直る確率は、どれだけ多くの同胞が命を落とさずにすむかで決まると、頭を抱えた。

その時、ふと脳裏に浮かび上がった一枚の写真に、救われる思いがした。

海辺まで見渡す限り津波に破壊されたガレキの荒原が、画面に広がる。そこだけ除去された白い道を、たった一台のトラックが走っている。荷台に「クール宅急便」の文字が躍り、運転台のドアには遠距離からでも見間違えようのない黒猫親子のロゴ……。（朝日新聞二〇一一年三月二四日掲載）

三陸沿岸の被災地を走るクロネコヤマト（© 朝日新聞社）

この写真にまつわる話に始まるインタビュー記事「クロネコヤマトのDNA」（「ほぼ日刊イトイ新聞」二〇一一年八月一七日～九月一日）で、木川眞社長（現ヤマトホールディングス会長）が繰り返す言葉がある。「ヤマトは我なり」

社訓の冒頭にあり、社員一人ひとりが会社という意識を意味するそうだ。しかし、組織の分権制度が徹底していなければ、空疎な美辞麗句に終わる。グループ全体の社員約一七万人のうち、本社がたった三〇〇人弱（二〇一一年当時）のヤマトは、その制度を極めている。

東日本大震災の直後、ヤマト運輸の被災地地元社員たちが、おのおの自発的に救援物資の配送を始めた。それも被災地のあちこちで同時多発的に起きたのだ。むろん無償で、会社の事前承認などない。たいていの組織なら職権違反行為になるだろうが、ヤマトは社員五〇〇人とトラック二〇〇台にも及ぶ「救援物資輸送協力隊」を組織。地元社員の意思を大々的に支えた。木川氏は「われわれは地元の集約」と、言い切る。

分権制度とは、ただ権限を譲渡する経営体制ではない。組織の上下左右がお互いの役割を理解し、信頼しあい、チームとして動く協力関係があって、成り立つ。組織のどこが欠けても補いあえる体制だから、まさにリスク分散型ビジネスモデル。業務を継続する力を常に持ち、非常時には威力を発揮する。全国各地の現場に最大限の権限を渡したヤマトの在り方は、わが国の官民組織が本気で考えるべき防災戦略を示している。

東日本大震災の被災地には、当時約一万人のヤマト運輸社員がいた。命の尊さを数字などで表せないが、犠牲者は五人（勤務中一人）と、極端に少ない。社員は「道を知っているから」だそうだ。が、「ヤマトは我なり」は、防災に絶対欠かせない自助の精神につながる。「ヤマトのＤＮＡ」とさえ呼ばれるこの精神が多くの人命を救ったのではと思えてならない。

大震災に備えて、ヤマトから学ぶことは大きい。

（二〇一五年九月一三日）

第二章

自助自立の地域づくり

山里馬瀬の夢物語

経済の低迷が長いせいか、この先輸出産業として期待できる成長部門はあるかとよく聞かれる。「田舎！」と答えては、失笑を買っている。

日本の田舎には、異邦人をとりこにする魅力がある。国際観光は輸出産業。有望だと思うのだが、何もない田舎に、はるばる外国から客が来るなど「夢物語」だそうな……。

欧米のバカンスの過ごし方にはいろいろあるが、日本との主な違いは、休養を重視する人が多いことだろう。今日はロンドン明日はパリと、あちこち駆け巡る日本流の観光とは種類が違う。かといって高級リゾートに逗留《とうりゅう》し、余暇を楽しむ富裕層のことでもない。一九六〇〜七〇年代、ヒッピー族と呼ばれた若者たちが、異文化の刺激を求めて世界放浪の旅に出た。その大人版とでも想像するといい。

働き盛りの中産階級。知的職業に就く共働き夫婦。若い起業家と家族。旅する国はいろいろでも、静寂な自然環境や歴史に培われた郷土文化に身を置き、最低一週間単位でバカンスをとる人々だ。良い宿があれば長逗留、なければないで家を借り、地域社会の結いに浸って人の絆に癒やされる。気に入った所を見つけると観光業者垂涎《すいぜん》の常連となり、飽きることを知らない顧客層でもある。

英国人の夫もその典型的な例で、趣味の写真や、釣り、散歩などを楽しみながら、ゆっくり休む旅を好む。せわしない物見遊山を嫌うのはもちろんのこと、人混みの多い日本の名所は疲れに行くようなものと、見向きもしない。

そんな夫が、突然「マゼに行こう」と言い出した。英国紙ガーディアンの旅行欄「東京シティーガイド」（二〇一二年二月三日）が「A taste of old Japan in a mountain ryokan（日本古来の味を山の旅館で）」と題して、飛騨高地の山里馬瀬《まぜ》と、小さな料理旅館を紹介していたからだ。「馬瀬のスター、丸八旅館は、宣伝をせず、オンライン上の存在感もゼロに近い。もっぱら常連客と口コミでなりたち、女将はそのままを好む。記事にするのを許してくれたのは、外国からわざわざ馬瀬に来る人などいないと信じているかららしい。（これは挑戦！）」とあるのが、興味を誘った。

日本の宿は一、二泊の客を前提に厨房《ちゅうぼう》等の準備を整えるのが普通らしく、長逗留の予約を断られることが多い。昼下がりの頃を見計らっておそるおそる国際電話をかけると、女将の心配は全く別のことだった。「ああ、あの記事で！　でも、静かなだけがとりえで、なあんにもない所ですよ」。だからこそと頼むと「どうぞどうぞ」と、笑った。ＪＲ高山線の最寄り駅に出迎えてくれたご亭主も、開口一番「本当に何もない所なのですよ」と、案じ顔。おふたりの温かい思いやりに「宿に着く前から癒やされる」と、夫が喜んだ。

馬瀬は、飛騨の分水嶺から太平洋側に落ち行く馬瀬川に洗われる美しい在所。上流の原生林から、山藤に染まる渓谷を抜け、川沿いの散歩道をゆるゆる下って行くと、手入れの行き届いた田畑と集落がだんだんと開いていく。その風情には、清流に醸されつつ一体化した、自然と人の見事な調和があった。

この調和は、過疎化を憂える住民が「心豊かで経済的にも安定し活力ある地域」づくりにと選んだ発展戦略。山里の偶然ではない。平成八年、村づくり計画「馬瀬川エコリバーシステムによる清流文化創造」が始まり、住民は森林の整備や、景観の改善、渓流釣りの開拓、農地荒廃防止、農産物の地産地消などに取り組んできた。その努力は、地域全体を対象にする「馬瀬地方自然公園づくり五カ年計画」として、今日も続いている。

同じ発展戦略を、女将自ら厨房に立つ宿の食事にも見た。こんこんと湧く甘露水。珍しい山

馬瀬川の上流風景（提供：馬瀬の有志たち）

菜。摘みたての野花や野菜。川藻や、イワナ、ヤマメに、日本一の味を誇るアユ。農山漁村の幸が、時には新鮮そのままで、時には古来の保存食や薬膳の英知に生かされて、私たちを喜ばせた。豆腐や、湯葉、地酒など地元の付加価値にこだわる女将が「ごめんなさあい、これだけはよそ者なの」と、飛騨牛を出してくれた時には、大笑い。ガーディアンの記事が「味の巡礼」と絶賛したのは、誇張でも世辞でもなかった。

類あっても比のない馬瀬に魅せられたのは、私たち夫婦だけではない。あの記事以来、もう数組の外国人客が逗留したそうだ。「やはり、なあんにもないのがいいそうで」と、女将がさも愉快そうに笑った。

馬瀬には「High Value Low Volume（高価値・少客数）」な観光戦略が似合う。欧米市場にターゲットを絞って来客数を抑え、地域の静寂と自然環境を守りつつ、高い付加価値をねらう戦略だ。言葉の壁はまだあるが、必要は発明の母。外国人客は若者の英語学習熱をあおるだろうし、郷土の歴史や自然を楽しむ案内役など、斬新な雇用創出をも可能にするはずだ。

過疎化の負を正にする国際観光立村。「夢物語」ではないのだと、馬瀬が教える。

（二〇一二年八月一九日）

地域活性化と持続的成長

前回、過疎化の負を正にする国際観光立村について書いた。岐阜県下呂《げろ》市馬瀬と、その山里にある料理旅館のことを知ったのは、英国紙ガーディアンの旅行欄でだった。

馬瀬は、特定非営利活動法人「日本で最も美しい村」連合の加盟村である。連合のロゴマークは、色とりどりの田園風景が合掌造りの古民家をかたどるすてきなデザインだから、ご存じの読者も多かろう。私は宿の玄関を飾るそのロゴで、初めて連合のことを知った。

そして、地域活性化の原動力を住民の自助自立精神に置く連合の哲学に、ほれ込んだ。連合の目的と活動は、全てこの精神を軸にしている。人里の景観や環境の美は、自然を守り活用する生活の営みが創造する。この美を「日本で最も美しい」地域資源にするのは、地域を誇る住民による積極的な地域づくり。連合は、この活力が、地域資源を観光その他多様な産業に発展させ地域活性化をもたらす支援をし、「連合の社会的な存在意義の確立」を目指すと謳《うた》う。素晴らしいブランド化戦略だと唸り、馬瀬に心酔したはずと頷《うなず》いた。

連合は、北海道美瑛《びえい》町の町長、浜田哲氏の呼びかけで、二〇〇五年の秋に誕生した。全国の市町村が「平成の大合併」で揺れに揺れていた頃のこと。今では約五〇村が厳しい加盟条件を満たしたが、当初誘いに応じたのは美瑛を含め合併に背を向けた七村のみだった。

きっかけは、浜田町長が新任早々着手した財政再建にあったと察する。政治意志さえあれば、再建は短期間で可能だ。が、赤字財政の根を絶ち、長期にわたる経済・社会の発展につなげる改革抜きでは、せっかくの再建が無駄になる。

町長は、財政難の根源に縦割り・上から目線の仕事意識を見た。行政がチームとして町の全体観を保ちつつ、現場の目線から町民に仕え、各職員がリーダーシップをとる組織文化を目指して、町役場職員の意識改革に着手した。

並行して美瑛の経済と社会の持続的な発展戦略を考えた。町長を動かしたのは、地域づくりへの強い危機感だった。理想は、地域住民の、住民による、住民のための、地域づくり。高い持続性を持つ発展には、この自助自立精神が不可欠なのだと。その危機感と確信が、「日本で最も美しい村」連合設立につながった。

同じことを、長年勤めた世界銀行で、いろいろな失敗を通じて学んだ。行政の組織文化を変

丸八旅館を営む洞家の四世代家族（提供：丸八旅館〔岐阜県下呂市馬瀬中切〕）

えぬままでの財政再建は気休めの処置。自助自立の礎石なしでは持続的発展など不可能だと。

世銀で担当した国や地域はどこであれ、必ず悔し涙を流した思い出がひとつある。地域住民が培った自助自立精神が、中央集権制度に破壊されるのを目前に、手の出しようがなかったことだ。これもまた、中央行政の組織文化に関わることだから、そう容易に変わるものではない。だからこそ、「日本で最も美しい村」連合で「異床同夢」の地方自治体が横につながることに、力学的な意義を見る。

町長が美瑛に抱くビジョンは、加盟村が共有する夢を反映する。「単に景観が美しいのではなく、生きる姿が美しい町にしたい（中略）地域の中に『たくさんの幸せな顔』をつくることが大事です。子供達がどういう顔で我々の町の中で育ってくれるか。それから高齢者の方々が、どうやって人生を全うしたという顔を描いてくれるか、そうしたところに目が届く町にしたい」（東京財団「地域再生Leader's Voice」二〇一〇年六月六日）

美瑛の取り組みは、近代経済史にまれな財政・長期構造改革と言える。安定した黒字財政運営と、町民が誇る美しい町づくりが、その事実を物語っている。

今年も馬瀬に旅し、ガーディアンの記事が「味の巡礼」と絶賛した丸八旅館に逗留した。「お帰りなさあい」と温かく迎えてくれた宿の人々。農山漁村の幸が古来の英知に光る料理。自然と人里の見事な調和。馬瀬をこよなく愛する住民の結い。その全てに癒やされた。学生時代に母国を離れてしまった私たち夫婦にとって、馬瀬と丸八旅館は心の故郷になった。

休暇の旅先は「日本で最も美しい村」に限ると決めた。日本が、世界で最も美しい国になる日を夢見て。

（二〇一三年一〇月一三日）

「集落丸山」に学ぶ国づくり

兵庫県篠山《ささやま》市の一角に、稀有なリーダーシップを発揮する人々がいる。リスクを直視し、危機感を持って受けとめ、新しい未来を築こうと力を合わせる「集落丸山」の女衆と男衆だ。

丹波高原の山々に抱かれる篠山市は、谷沿いに深く入り込む大小さまざまな集落に、ぐるりと囲まれている。京都北西の要塞《ようさい》という地政的な性格から、中世には山城が林立し、根城と枝城が戦略的な網状組織を成していた。集落の多くは、城の出入り口や、逃げ口、水源などを守る命を受けた兼農武家地だったと聞く。

そのひとつである丸山の歴史は「丹波篠山では新しい」そうで、城が平野に下りた江戸時代に始まった。一七九四年、篠山城外堀の役目を持つ黒岡川の水源を守るために、配置された。

今日も篠山市の中心である篠山城跡から、黒岡川沿いに北北東へ五キロほど行くと、多紀連山の懐に入る。連山の主峰御嶽《みたけ》の登山口へ続く谷筋が急に狭まるあたり、手入れの行き届いた

集落丸山の鯉のぼり（撮影：桂幹夫氏）

田畑と里山の緑を背景に、そこには不似合いと感じるほど重厚な古民家の集落、丸山が、現れる。

その姿を初めて目にした時、築一五〇年以上の古民家群が醸し出すカリスマに息を呑《の》み、鳥肌さえ立った。

入母屋造りのどっしりとした屋根線が、母屋と蔵の白壁をちらちら覗《のぞ》かせながら重なり合い、山裾の斜面から平地へと流れる。屋根の合掌が作る「破風《はふ》」と呼ぶ側面は、そこだけ柿渋色の漆喰《しっくい》に塗られ、白く大きく描かれた家紋を遠目にも際立たせている。石積みの垣や生け垣に沿って客を迎え入れる脇門を持つ家が多いなか、長者の住居だったのか、堂々たる長屋門を構えた家もある。

お客様に提供する味噌汁の黒豆味噌の仕込み作業に忙しい集落の女衆（提供：集落丸山）

「集落丸山」は、丸山の人々が運営する、集落まるごとの宿。二〇〇九年一〇月に開業した。宿泊施設は、空き家になっていた古民家二棟。生活の「近代化」が残したさまざまな厚化粧が取り除かれ、水回りの他は本来の姿に戻された。その贅沢《ぜいたく》な空間の要所要所に、和風モダンな家具や照明が配されて、いにしえの優れたデザイン感覚をよりいっそう引き立てている。

食事処は、地元の豊富な食材や甘露水、人の結いなどに魅せられ丸山にIターンした、料理の達人二人による。古民家続きの蔵と納屋を改造した小さなフランス料理店は、神戸にある名店のオーナーシェフが構えた。集落奥に佇《たたず》む蕎《そ》麦《ば》懐石の店は、「関西の至宝」とさえ呼ばれる蕎麦通の聖地。彼らの指南を受けた丸山の女衆が受け持つ朝食は素人の域を超え、地産地消の絶品がずらりと並ぶ。

「おかみさん」と呼ぶには若すぎる丸山の次世代ホープが、女将役を見事に切り回し、客が知らず知らずに集落住民となるよう導いてくれる。「集落丸山」は、宿より高級プチリゾートと呼ぶほうがふさわしい。

丸山は、限界集落だった。住民五世帯一九人の過半数が高齢者のうえ、民家一二軒中七軒が空き家になっていた。小さな集落にとって、共同体機能が消滅する可能性は、リスクというより不可避な現実に近く、住民は強い危機感を抱いていた。

しかし、丸山には、得難い財産があった。厳しい自然を相手に生き永らえた極小社会が培った、住民一人ひとりのリーダーシップ精神と、「集落は家族である」と言い切る結束だ。

古民家「発見」が、その財産に情熱の火をつけた。二〇〇七年、長屋門の古民家診断と改修をきっかけに、専門家が集落全体を調査した結果だった。男衆の一人は、「古い家に価値があるとは知らなかった。『立派な家』に建て替える財力のないことが幸運でした」と笑う。

それから開業までの二年間、丸山の人々の行動は目覚ましかった。類は友を呼び、列挙が不可能なほど大勢の有志と団体組織が、専門知識や、出資、補助金を提供。丸山の夢とビジョンを現実にと動いた。住民は、集落を離れた人たちと共にＮＰＯ法人「集落丸山」を設立し、中間支援組織として道を共にする一般社団法人「ノオト」と、有限責任事業組合「丸山プロジェクト」を結成。所有者から空き家と農地を一〇年間無償で借り受け、日本の暮らしを体験する宿を作り上げた。

開業から四年。「集落丸山」は黒字経営を持続し、若者のUターンさえ始まった。一丸となって未来を切り開く丸山の人々を思うつど、国づくりかくあれと、心より願う。

（二〇一三年一一月一七日）

海外からの観光客

海外からわが国を訪れる観光客が増えている。欧米諸国の知人にも、休暇旅行に初めて日本を選ぶ人が多くなった。うれしい傾向だと喜んでいたら、皆まるで申し合わせたように「一回で結構！」と苦笑した。

観光部門は地域活性化に直結する重要な輸出産業。国内どころか世界競争が厳しい部門でもある。観光業界垂涎のリピーター（常連）なしには、競争に負けるリスクが高まる。成長部門として持続的に発展するためには、類あっても比のない観光体験を提供する戦略が要る。

この観光戦略に見落とせないのが、欧米諸国に増え続ける「バカンス人種」。私の知人たちもそのうちで毎年数週間の休暇をとる。旅する国はどこでも、好む宿には長逗留。所によっては家を借り、自然環境と歴史に培われた文化と、土地の人の絆に癒やされる休暇を好む。気に入ると飽きを知らない常連になるのだ。

大分県別府市の山田別荘（提供：山田別荘）

その「バカンス人種」に嫌われた理由は、二つあった。一つは、言語の壁からくる情報不足。出発前にこの壁に突き当たったのだ。

普段は旅行会社に頼らない人種で、ガイドブックやインターネットを駆使して旅程を組むのも楽しみのうち。だが、欧米で出版される日本の旅行案内書はお粗末。京都や奈良など名高い観光地以外は、役に立つ情報がない。ネット上の情報も外国語ではごく限られ、日本列島のどこを目的地に絞るかという判断がままならなかったというわけだ。

もう一つの理由は、わが国の代表的な旅行文化。仕方なしに旅行社を使ったのがいけなかった。今日は東京、明日は日光、それから富士山、京都、奈良と駆け巡る日本流物見遊山の旅で

「わざわざ疲れに行ったようなもの」だったそう。

その上、宿は大ホテル。「サービスはいいが、コンベヤーベルトの流れ作業」。部屋は奇麗だが世界中どこにでもある内装で「日本だという感動がない」。「世界無形文化遺産になった和食を味わう機会も少なかった」と嘆く人さえいた。

なんともったいないことをと、先に紹介した英国紙ガーディアンの旅行欄"A taste of old Japan in a mountain ryokan"(「日本古来の味を山里の旅館で」二〇一二年二月三日)を勧めた。飛騨高地の山里馬瀬と、丸八旅館という小さな料理旅館の紹介記事だ。同紙ネット版に掲載されて以来海外から来客が絶えず、「いい方ばかりで」と、女将《おかみ》を喜ばせている。わが知人たちにも稀有な情報源の真価を発揮し、「一回で結構!」が「ここならまた行く!」に豹《ひょう》変した。

私ごと、帰国中は首都圏より地方に出向く機会が多く、全国各地に定宿がある。ワーク・ライフ・バランス実践を心がけて同伴する夫も実は「バカンス人種」の英国人。彼が選ぶ宿は、それぞれ個性豊かな旅館だ。

古民家や蔵など古い建物を生かす宿が多く、残らず地産地消に徹底している。そろってすてきな女将とご亭主が見事なチームワークで経営し、地域社会という小宇宙の結いに生き生きとしている。以前紹介した丹波の「集落丸山」(六五頁)も、丸八旅館と共に定宿だ。

最近は「九州に帰る宿ができた」と、夫が喜ぶ。熊本市の江津《えづ》湖畔にたたずむ「湧泉の宿・藻乃花」がその一つ。市内とは思えない静寂な自然環境と共に、大正時代の心地よい和洋折衷インテリアや、郷土愛の心が伝わる創作料理、阿蘇伏流水の薬草湯などが、彼を「ここなら日本に住みたい」とまで言わせた。

お隣大分県では、別府市の「山田別荘」が定宿。昭和五（一九三〇）年、先々代が温泉保養のために建てた別荘で、山田家の人々が戦後そのまま宿として営んでいる。温泉街の路地から門を入ると古き良き日本の別世界が広がり、思わず「ただいま！」と言いたくなる宿だ。地元の工芸作家や若い芸術家たちの集いと展示の場でもあり、それがまた客を喜ばせる。山田別荘は、地球のどこからでもオンライン予約が可能なことも手伝って、海外での知名度が高い。女将は「外国人の方でもっているようなもの」と笑う。

「バカンス人種」にこよなく愛される宿は、日本が世界に誇れる観光資源だ。「類あっても比のない」ビジネス戦略を黙々と実践し続け、地域活性化に貢献している。世界がその価値を認める日は、遠くない。

（二〇一四年一二月七日）

「なあんにもない」の価値

世界銀行を辞め、帰国するつど全国各地に出向くようになって、はや一〇年がたった。振り返ってみると、一都一道二府四三県のほとんどを訪れたことになる。

三陸沿岸の被災地など通い続ける所もあれば、長逗留して草の根を歩き回った土地もある。大津波の被害はもとより、シャッター街や限界集落などをそのつど目の当たりにして、低迷する経済社会の生々しい現実に胸を痛め続けてきた。

しかし、どこに行っても一筋の希望の光を見る。このままでは故郷がなくなるという強い危機感を抱き、地域おこしに動く人々だ。民間企業やNPOの有志と地方自治体の職員が一丸となって、元気な故郷の夢を追い始めている。

夢の多くは地域国際化。低成長を続けるであろう国家経済を見透かして、内需に頼らぬ発展を追求している。「わが意を得たり！　国際観光を考えてみたら」と勧める機会が多い。

たいてい「なあんにもない田舎」にはるばる外国から観光客が来るなど夢物語だと笑われる。が、観光を物見遊山ではなく、バカンス（休養）の旅と考えてと反論する。地方の過疎化は「静寂化」。バカンス客をねらう観光部門は、過疎化の負を正にする輸出業だ。その上、地元の農林水産業やサービス業など前後連関効果が高く、雇用を生み出す労働集約型でもある。

日本の田舎は、異邦人をとりこにする魅力をもつ。「なあんにもない田舎」の資源は、静寂な空間と、自然を守りつつ活用する人里の景観。そして地域に根ざした人の絆と結いだ。この資源を持続的な発展に生かす戦略はHigh Value Low Volume（高価値・少客数）観光戦略。小規模な高級リゾート地がその一例で、客数を抑え、地域の資源を守り、高い付加価値を生む。ブータンが「国民総幸福」の哲学に適合するゆえ採用して、「ヒマラヤの秘境」観光立国を成功させた戦略でもある。

この戦略に見逃せないのが、前回書いた「バカンス人種」。欧米諸国に増え続けるその人口は景気に左右されない高所得者層だ。気に入った土地なら飽きを知らず、競争が厳しい観光部門では勝負の鍵と言われる常連になる。

昨年秋、そのバカンス人種の理想郷に遭遇した。大分県の北東部にあたる国東《くにさき》半島だ。瀬戸内海の伊予灘に円く大きく突き出す国東は、北に周防《すおう》灘を臨み、南に別府湾を形作る。古来、海路に恵まれた地だが、今は別府湾側に大分空港を抱え、空路にも恵まれている。が、陸路は、東九州沿岸の幹線鉄道が国道と共に半島の付け根を横断。近代のヒトとモノの本流から切り離されて久しい。

そのせいだけではあるまいが、国東には、この世のものとは思えない、すがすがしい静寂があった。

半島を生んだ両子《ふたご》火山群の峰々と溶岩台地の奇岩群が内陸中央にそびえ、そこから幾重もの尾根と谷間が海へ海へと放射状に広がり落ちていく。そのあちこちに峰入りと呼ばれる修験者難行の険しい山路が入り込み、ひっそりたたずむ数々の名刹《めいさつ》や、千数百年昔の荘園風景を今にとどめる人里を、数珠のようにつなぐ。

格別信心深い人間ではないのだが、独特な山岳仏教文化が繁栄した国東の歴史が腑に落ちた。開基七一八年と伝わる富貴寺《ふきじ》の国宝、大堂《おおどう》に詣でた時には、その神々しい境地に御仏《みほとけ》ここにと心打たれ、涙が出た。

が、寺の出口にはためくのぼり旗に、びんたをくらった。「めざそう！　世界遺産」の大文字が躍っていたのだ。大型観光バスが次から次へと乗り入れて芋の子を洗うような白川郷や日光東照宮を思い出した。一瞬、国東におわす神仏の渋面を拝したような気がした。

富貴寺大堂。大分県豊後高田市（写真：アフロ）

「日本の秘境百選」に並ぶ国東半島。世界遺産登録も不可能ではない。が、「遺産」はモノだけではない。それを育んだ地域の自然と文化を守り、住民全体の生活を豊かにする包括的な高価値・少客数観光戦略が要る。それなしには「遺産」の価値が減少し、地域の持続的な発展につながらない。

「ヒマラヤの秘境」国家ビジョン、「ブータン二〇二〇年」が、高々とうたう。「幸福を可能にする自然環境、精神的な文明、文化伝統、歴史遺産などを破壊し、その上家族や、友人、地域社会の絆までをも犠牲にするような経済成長は、人間が住む国の成長ではない」。秘境国東かくあれと祈る。

（二〇一五年一月一一日）

地域おこしから学ぶ

世直しの力は、若者・よそ者・変わり者にあると、世界各国の草の根で教わった。むろん日本も例外ではない。その一例が地域おこしに動く人々。全国各地どこに行っても必ず出会う。

前回書いた大分県国東半島に誘ってくれたのも、大分を元気にと活動する「ふないまちなか大学」の若者たち。民間企業やNPOの有志と地方自治体の職員らが、県内外の地域おこし活動から学び、まず自分たちにできることからと協力している。

その若者たちが、明るい国東の未来を目指す企業家を紹介してくれた。株式会社アキ工作社（大分県国東市安岐町）の松岡勇樹社長。一九九八年、建築家として活躍していた東京から故郷安岐《あき》町にUターン、創業した。「僕は変わり者ですから」と、松岡氏が笑った。

アキ工作社の主要事業は超細密段ボールクラフトの製造販売。松岡氏が開発しディー・トルソ・システムと名付けた立体造形システムを駆使して、国内はもとより世界各国で展示や、陳列、内装、特殊包装など広い分野の立体商品を扱う。

段ボール製組み立て式マネキンと言えば、思い当たる読者も多かろう。ニューヨーク五番街の陳列窓で初めて目にした時、その斬新奇抜なデザインに息をのんだのを覚えている。非連続的なCTスキャンに輪切りにされたマネキンのイメージで、段ボールシートが内部構造丸見えのまま人の形に再構築されている。際立つのに自己主張をせず、服装の色彩とデザインを見事に引き立てていた。

大分空港から北西へ一五キロほど行くと、半島の中心、両子山の懐に入る。谷あいが急に狭まるあたりの渓流沿いに、山際の集落と向かい合って可愛い学校がたっていた。アキ工作社の拠点である。少子化で廃校になった旧西武蔵小学校だが、生き生きとしていて、今にも子供たちが校庭に走り出て来るかのよう。

小ぶりな下駄箱がほほ笑ましい玄関を入ると、校長室が社長室。教員室はデザイン兼事務室でアップル最新型機材がずらりと並ぶ。教室は作業ごとに使い分けられ、一室には段ボールシートを切るレーザーカッターが黒板の前に居座る。雨天時や冬季の遊び場だったのか、校舎の幅半分を占める広い廊下には、材料や在庫が整然と並ぶ。採光のいい二階の廊下と多目的エリアは製品の展示場で、地域住民の集いの場にもなる。

「学校は地域社会の焦点。思い出を壊さないように使うのは当たり前です」と、松岡氏。「手ごろな賃借料で僕たちも助かりますし、自治体の収入にもなる。三方よしです」と、笑った。

その笑いに、会社のホームページにあるビジョンを連想した。「『モノづくり』を通して世界とつながりながら、その土地固有の時間の中で仕事を創り、豊かに暮らす『新しい生活』の提案をしていきたい」

その一環が「国東時間」。週休三日制と言えばそれまでだが、時間の量より質を重んじる制度だ。時の流れには、その土地固有の質がある。それにそぐわない生き方と働き方は、仕事の効率はおろか、創造力やモノづくりの精度などに悪影響を与えうる。週末の三日間たっぷり「国東時間」を吸い込んで、いい仕事への糧にしようという趣旨だ。

海外生活が長い私も、帰国のつど「東京時間」に強い違和感を抱く。アキ工作社の市場がある東京、ロンドン、パリ、ニューヨークなどの大都会と「国東時間」の質の差は相当なものだろうと、想像がつく。松岡氏は「Uターン者もよそ者のうちですから、借り物の時間の危なさが分かるのでしょう」と、うなずいた。

「国東時間」採用から一年半、予想以上の成果があるそうだ。社員の意欲が高まり、責任意識に緊張感が生まれ、無駄な仕事がなくなって、収益が上昇。それを社員に還元して個人所得を

アキ工作社のダンボール製組み立て式マネキン（提供：アキ工作社 松岡勇樹社長）

増やすことに会社の意義があるのだとうれしそうな松岡氏の目が、輝いていた。

氏の夢はさらに膨らむ。「国東時間」の実績を持続して、他の地元企業に勧めたい。若者は拘束されない時間を高く評価するから、優秀な人材確保への扉を開く。国東の暮らしに魅力を感じる人が増え、企業誘致の力もつく。「全てが好転しそうな気がします」と。

政府が奨励する「まち・ひと・しごと創生」。地方自治体の創生戦略が、地元の若者・よそ者・変わり者から得る学びは大きい。

（二〇一五年二月一五日）

持続的発展の村づくり

岐阜県下呂市の山里馬瀬に、長年素晴らしいリーダーシップを発揮し続けてきた人々がいる。初めて馬瀬を訪れ、海外グルメ層が注目し始めた丸八旅館に滞在したときの感動を、先に記した。馬瀬には、高所得者層に絞って客数を抑え、地域の静寂と自然を守りつつ高い付加価値をねらう国際観光戦略が似合うと、書いた。それが馬瀬の有志の目にとまったおかげで、地域おこしの詳細を教わる機会を得た。

下呂駅から北北西に一〇キロほどで、道は大きく弧を描きながら下界を離れ、山並みの懐に入っていく。旧道の峠の真下にあたるのか、短いトンネルを抜けると、目前に馬瀬の小宇宙が広がる。日本三百名山の川上岳を背に南飛驒の山々に抱かれる馬瀬は、東西四キロ南北二八キロ、空に向かって緩やかに開く明るい谷だ。

その中央を、飛驒分水嶺に源を発する馬瀬川が、渓谷を削り、早瀬に泡立ち、浅瀬を転がり、神々おわす深淵《しんえん》で一息ついてまた渓谷へと、表情を変えつつ洗って行く。日本一の味を誇るアユや、アマゴ、イワナの屈指の釣り場として名高い清流だ。両岸には江戸時代一一カ村だった集落が、いにしえの名を今も地区の名にとどめ、それぞれ由緒ありげな社寺を守るように人里の景観を成している。

わが国に美しい在所は少なくないが、馬瀬には類あっても比のないオーラのごとき雰囲気が漂う。自然を守り活用する生活の営みが創造する美だろうか、山林と清流と人里が見事に一体化した調和がそこにある。

馬瀬が過疎化を案じ始めたのは、約三〇年前だった。一九九〇年代初期には、地域活性化対策として温泉ホテルやキャンプ場を誘致。観光客は釣り客主体の年間三万人から三〇万人に増えた。

しかし、リスクを直視し、危機感を持ち、自分のことと受けとめるのが、農山漁村に生きる民の常なのだろう。馬瀬の衆は、環境汚染や、山里の景観破損、無秩序な農地利用、地産地消の必要性などさまざまな問題を提起した。それを受けた官民有志は、馬瀬の景観や、自然環境、伝統文化などを守る地域活性化対策を探ろうと、研究会を始めた。

二年にわたる研究活動は住み慣れた郷里を捉える視点をがらりと変えた。馬瀬川と地域の

馬瀬の未来を見据え、議論を重ねるリーダーたち（提供：馬瀬の有志たち）

九五パーセントを占める森林は、それまで農山漁村の単なる生産の場だった。ところが、その森と川が、水源の滋養や動植物と渓流魚の生息などによって深いつながりを持つと知った。そのうえ人とも結びつき、住民が大自然に活を得る知恵と文化を育み、観光客にもやすらぎを恵むのだと、悟った。馬瀬川流域の「森」と「川」と「人」は、有機的に結ばれる一つの生態系を成しているのだと、気づいたそうである。

「我らの生態系を壊してなるものか！」

大きな気づきは情熱で鍛えられた鉄の意志となり、持続的な村づくりへと動く原動力になった。

一九九六年「馬瀬川エコリバーシステムによる清流文化創造の村づくり構想」が生まれた。

馬瀬村の小宇宙（提供：馬瀬の有志たち）

目的は「住みよくのどかな馬瀬らしさを文化のレベルまで高める地域特性の創造」と教わって、馬瀬が醸すオーラがストンと腑に落ちた。

景観保全と向上への多様な活動。史跡や、古木、伝統行事など文化遺産の保存と管理。水源滋養林の造成。わが国初の渓流魚付き保全林の指定。足かけ二〇年間、生態系をより強くと実施されてきた全事業をここで紹介したいのだが、それだけで本稿をはみ出てしまう。

特筆に値するのは、大小どの事業も、一貫して、住民の自主性と参加意識の醸成と共に、次世代と次々世代リーダーの養成を重んじていること。これこそ持続的発展の礎であり、それを馬瀬ほど一途《いちず》に追求してきた例は世に稀《まれ》だ。

「小さな当たり前の積み重ねだけです」と笑う

リーダーたちの目は、一〇〇年先を見据えて光っていた。

馬瀬は、フランスの地域自然公園制度を手本に、丸ごと公園となった。住民憲章を基に創り続ける、住民の、住民による、住民のための「馬瀬地方自然公園」である。「住みよくのどかな馬瀬らしさ」は現実となり、その輝きは増すばかり。

馬瀬の人口は一二〇〇人台。高齢化はまだ続くが、U・Iターン現象が始まった。馬瀬のやすらぎと丸八旅館の料理を目指し来訪する外国人客も、増えている。

（二〇一五年一二月二七日）

観光大国への道

日本を訪れる外国人旅行者が急激に増えている。正直なところ、複雑な心境だ。観光立国推進基本法が成立した一〇年前は約七三〇万人だった旅行者が、二〇一五年は約一九七〇万人になった。商用や留学などの目的で来日した人数を除いても、一五〇〇万人前後が観光に訪れたことになろう。

政府が二〇二〇年までの目標に掲げた外国人旅行者数は、二〇〇〇万人。早期達成が視野に入ったことから、三〇〇〇万人を目指す準備も始まったらしい。

長年住む米国には、年間七〇〇〇万人強が海外から訪れる。夫の母国の英国でも三〇〇〇万人以上。八〇〇〇万人を超えるフランスを筆頭に、スペイン、イタリアなど人気の高い観光国が並ぶ欧州は、夫も私も仕事や休暇で旅慣れている。そういう観点から見る日本は、確かに国際観光後進国のごとく映る。

外国人観光客で賑わう京都・錦市場。2013 年 5 月 11 日（写真：読売新聞／アフロ）

国際観光部門は労働集約型の輸出産業だから、競争力がつけば外需が雇用と経済成長に貢献する。外国人客が増えるのは、喜ばしいことに違いない。

しかし、一般の国際観光客は為替変動に著しく敏感だ。官民の受け入れ態勢がいろいろ改善され始めたことも手伝っただろうが、激増の要因は円安である。為替変動は統計学上「乱歩」と見なしていいほど気まぐれだ。少なくとも長期的に続く状態ではないはずだから、手放しでは喜べない。

家族旅行は日本でと決めているスイス人の友は異例で「円安は無関係」と笑う。彼がその理由を話し出すときりがない。四季に移り変わる自然美。雪国から常夏の島まで年中多様な気候風土。いにしえを今に伝える有形無形文化財の数々。洗練を極め郷土色豊かな食文化。徹底したおもてなし文化と思いやり深い国民性。遺失物が戻ってくるほど良い治安。時刻表を守る陸海空交通網。安心して飲め、飲んでおいしい水。「その上、温泉がある！」……。

事実、地球のどこを探しても、これほど素晴らしい条件を備える国はない。彼のように、初訪問で魅了され、飽きを知らず、為替どころか景気の変動にも影響されにくい顧客が大勢いてもあたりまえだ。日本は、安定した分厚い常連客層を維持する「観光大国」に成りうる稀有な国なのだ。円安の影響を喜ぶより、息の長い経済効果をもたらす国際観光部門の発展戦略を立てなければ、もったいない。

観光大国を目指すなら、解消を要する問題がある。「異常に混む国」という世評がそれで、首都圏通勤列車のすし詰め状態が海外で報道されて以来のこと。最近は、東京や京都などのゴールデンルートを旅した外国人が増えたせいか「疲れに行くようなもの。日本の美しさを味わえない」という類いの口コミを、見聞きするようになった。

修学旅行や観光シーズンの名所は昔から混むが、外国人客が増え始めてからの混雑は、確かにまずい。特に人混みに慣れない欧米諸国や、ロシア、豪州などからの客には不評であろう。

私の夫もそのうちで、シーズンオフの早朝なのに、大型バスが次々と乗り入れ、芋の子を洗うような日光東照宮や、白川郷、金沢・兼六園では、「二度と来ない」とおかんむり。東大寺では、入門を待つ長蛇の列を見たとたん、回れ右。同じく参詣を諦めた様子の米国人一家を、奈良の静かな裏町の散歩に誘って、喜ばれた。

人混みの壁を乗り越え、観光大国への道を開く戦略は、以前にも幾度か地域活性化の観点から提唱してきたHigh Value Low Volume（高価値・少客数）戦略であろう。目指す顧客は全世界の富裕層。高所得者層に絞って客数を抑え、顧客一人あたりの高い付加価値をねらう観光戦略だ。地域の静寂や、自然環境、文化遺産などの保全活動に直結し、持続性の高い地域づくりを目指す住民の結いが報われる戦略でもある。

その結いは、日本の「田舎」が異邦人をとりこにする魅力でもある。滞在地の人の絆に触れ、身も心も癒やされるからだろう。休養を主な目的に数週間の旅程を組む傾向がある富裕客層にとっては、物見遊山などより印象深く、常連客の増加につながると聞く。

地産地消に徹底し、地元の老若男女の雇用機会を広げつつ、長逗留する海外からの常連さんを住民と共にもてなす、こぢんまりした高級宿……。夢ではない。そういう宿は、全国各地にもう現れ始めている。

（二〇一六年二月七日）

第三章

異国から日本を想う

国民に「納税」先の選択を

東日本大震災以来、帰国すると必ず被災地に出向く。そのつど、本心払いたいから払っている、二つの税金のことを思う。

そのひとつは、米国首都ワシントン政府に納める税金。一九八〇年からワシントンの住民だが、ひと昔ほど前までは廃れた町だった。市政は、市長が麻薬取締法違反で投獄されるほど、退廃を極めた。歳入は汚職と無駄遣いに消え、インフラは朽ち、公共サービスはないに等しかった。税金か免税寄付かという選択があたりまえのお国柄、市民は節税対策に忙しかった。

一九九九年、新しい市長が就任するやいなや、市政が目覚ましく変わり始めた。街灯に明かりが戻る。ゴミが回収される。穴だらけの道路が整備される。市バスが時刻表を守る。鉛製水道管の取り換え突貫工事が始まる。税金を払いたいと、心底思うようになった。

復旧から首都再生へと構造改革が始まった。市民への情報提供が充実し、行政の顔が見える市政は今日も続く。ワシントンは、住みやすく活気ある、美しい都に変貌した。毎年、納税日が待ち遠しい。

もうひとつは、日本政府に納める所得税。米国永住権を持ち合衆国政府に納税している私には、日米租税条約により日本での納税義務はない。非居住者手続きを踏めばいいのだが、居住者の二倍の税率が課されても、日本の税金は日本に払うと決めている。わずかな金額だが、良い義務教育を授けてくれた母国への、せめてものお礼のつもりだ。

三陸沿岸の草の根に身をおくと、納税者を喜々とさせるワシントンが夢のように思える。そして、日本での納税をやめようかと考えてしまう。

中央政府がカネと権力を握るからだろうが、被災地を歩くと、行政の顔がよく見えない。被災地の方々も、まるで口をそろえたように言う。「視察にはおいでになる。毎回、精いっぱい対応するのだが、後が続かない……」

世界銀行で付き合いが長かった南アジアも、地震などの自然災害がよく起こる地域で、復興支援に関わることが多かった。その現場から得た教訓は、被災者の自助自立精神を生かすこと。そうしなければ、目覚ましい復旧も、持続的な発展につながる復興も、どちらも望めないと学んだ。

この教訓を生かす仕事は、世銀のような大組織だけではできない。被災者のニーズと心情を知り抜き、現地の人々のリーダーシップを支え、地元に密着した順応性の高い活動を展開する仕事は、現地NPO（非営利組織）と協同関係を築いて初めて可能になった。NPOに世銀の下請けを頼むような関係ではない。知識や経験の異なる組織が、目的と価値観を共有してなすパートナーシップだ。とはいえ、世銀が中央集権型では駄目。「地方分権化」を進め、被災国の国民でもある現地職員がリードする組織でなければ、とうてい無理な仕事だった。

被災国の政府にも全く同じことが言えた。行政の地方分権化が進み、優秀かつリーダーシップ旺盛な官僚を自治体に配置する伝統を持つ、インドの数州やブータンでは、災害直後から行政の顔が見えた。世銀の仕事も驚くほど速く進み、復興事業の結果に雲泥の差をもたらした。

三陸沿岸を歩いて感銘を受けるのは、NPOの活動だ。ピースウィンズ・ジャパンやテラ・ルネッサンスなど、海外での知名度が高い日本のNPOも、いち早く現地入りしている。被災地の人々と一丸となって地域社会の自助自立を支えるNPO職員の姿は、涙を誘う。

NPOには資金難がつきもの。大震災をきっかけに寄付金税制が改定された。国税庁の認定を受けたNPOへの寄付金が税額控除の対象となったのが、改定の重点だ。ようやく日本も、民間が担う公共活動の発展を促進するのかと、胸が躍った。が、期待はずれもいいところだっ

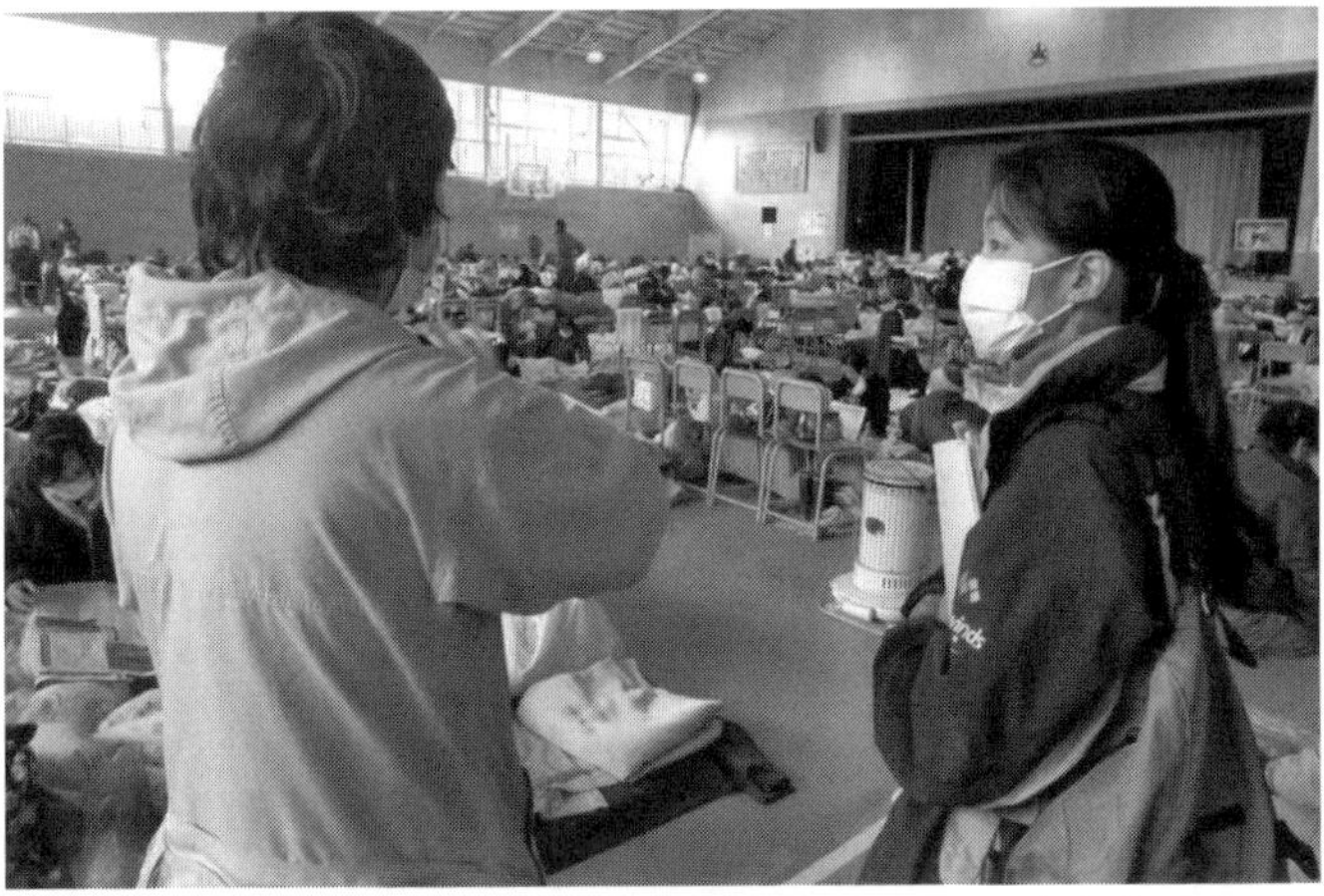

震災直後、ピースウィンズ・ジャパンは陸前高田市の避難所にストーブ・灯油を配布した。2011 年 3 月 20 日（写真提供：ピースウィンズ・ジャパン）

た。

寄付者が法人か個人かによって違いはあるが、免税扱いになる金額の制限はまだしも、そもそも認定を受けたＮＰＯが寄付を何に使うかまで規制している。例えば、法人が東日本で活動する認定ＮＰＯに全額免税で寄付できるのは、支援に「特に必要」な「指定寄付金」のみ。特に、人件費の扱いは複雑で、例えば被災地で働く職員の給料は対象外になることもあるらしい。公認会計士の友人が「手弁当でやれということだ」と、苦笑した。

色分けできないカネを色分けする寄付は、ＮＰＯの柔軟性を損なう。自分がＮＰＯ代表なら断ると怒って、ふとそれが政府の意図かと疑った。

平常時でさえ国民のニーズが多様化する二一世紀だ。きめ細やかな社会インフラが求められている。政府と民間が協同で担ってこそできることで、NPOはその片腕となる役割を持つ。寄付金税制でNPOの活動を促進するということは、国民に「納税」先の選択を与えることに他ならない。

国庫収入を減らす寄付だからこそ、それを行政品質向上への刺激と糧と受け止めるのが、国民が喜々として納税する政府の姿勢であろう。

（二〇一二年五月六日）

ブータンに見た「逝きし世」

「雷龍《らいりゅう》の国」ブータンに旅をして「懐かしかった」と言う人が多い。私も、かつてはその一人だった。

世界銀行の仕事で初めて訪れてから一五年。細胞からにじみ出てくるようなあの懐かしさは、いまだ体に残っている。部下への出張報告書代わりだった旅日記を繰ってみると、初日に「私のDNAが祖先の故郷を覚えているのだろうか」と、日本人とチベット系民族が遺伝学上で近縁関係にあることに触れている。最終日には「これから『帰る』のではなく『旅に出る』つもりの自分に気がついて、ハッとした」とさえある。

異邦に感じる望郷の念。その謎を、近代化を急ぐ過程でわが国が失った文明を描いた『逝きし世の面影』（渡辺京二著、平凡社、二〇〇五年）が、解いてくれた。幕末から明治にかけて来日した外国人による膨大な著述をもとに、日本人が西洋化にはしって失ったものを生き生きと甦《よみがえ》らせてくれる。読み始めてすぐ、ああこれだとひざを打った。ブータンに、日本の「逝きし世の面影」を感じたから、懐かしかったのだと。

文明の定義は多種多様。著者の渡辺氏は、独特な「価値観によって支えられ、独自の社会構造と習慣と生活様式を具体化し、それらのありかたが自然や生きものとの関係にも及ぶような、そして食器から装身具・玩具にいたる特有の器具類に反映されるような」ものと、有機的に捉える。

その文明を、「陽気な人びと」、「簡素とゆたかさ」、「親和と礼節」などと多面的に描く各章を読み進むにつれ、次から次へと登場する外国人の姿がブータンでの自分に重なった。彼らの目に映った一九世紀日本が、私が見た二〇世紀ブータンに気味が悪くなるほど似ていた。

特に驚いたのは、彼らも私と同様に、国民がいろいろな形で表現する幸福感に目を見張ったことだ。例えば、一八八九年に来日した英国の詩人E・アーノルドは、歓迎晩さん会のスピーチで、日本の文明を「命を甦らせるようなやすらぎと満足を授けてくれる」と評した。くしくも一言一句、ブータン初訪問の私が、同じく歓迎晩さん会のスピーチで述べた言葉そのままだった。

渡辺氏は「私にとって重要なのは在りし日のこの国の文明が、人間の生存をできうる限り

ブータン王国の中央にあるポブジカ谷にかかる虹（撮影：Peter Wickham）

気持のよいものにしようとする合意とそれにもとづく工夫によって成り立っていたという事実だ」と言う。わが意を得たりである。

固有文明への帰属意識は、国民のアイデンティティーそのもの。人生のほとんどを海外で過ごしてきたせいか、この帰属意識こそ日本人としての安心感の礎だと、常々感じている。その固有文明を失い、しかも失った文明が人間の幸福追求を可能にするものだったなら、わが国が近代化を目的に選んだ術《すべ》の代価は大きい。

ブータンの先代国王、雷龍王四世も、固有文明を重視し文明喪失の代価を国家絶滅の危機と捉えた。その背景には、インドと中国に地続きで挟まれる地政学的なリスクを持つ国が、人口七〇万人弱の小国どころか、まとまりにくい多言語・多民族国家だという厳しい現実がある。

雷龍王四世の勅令に、「文明」と題された直筆の令（一九八九年）がある。国語や民族衣装（ブータン特有と識別できるよう改良した各民族の衣装）を奨励したものだが、四世が抱く危機感をひしと伝える唯一の勅令でもある。「我らの国は少人口の小さな国であるがゆえに、国家固有のアイデンティティーを守る以外、独立国家の主権を擁護する術を持たない。富や、武器、軍隊が、国を守ることはできない。……国家主権の象徴たる紛れもないアイデンティティーを持たなければ、ポピュラーな異邦文明へ傾倒し、我らの文明は絶滅する。……『水が出た後、水路は造れぬ』ということわざ通り、ことの始めから異邦文明を避け、我らの文明を献身的に責任を持って慣行とせねばならない」

四世の政治哲学「国民総幸福」は、文明の持続的発展を国政の中心に置く。日本でも知名度が高まりつつあるが、その真意が包括的な危機管理にあると知る人は、少ない。

大洋に囲まれ一億数千万の人口に恵まれる日本では、文明の喪失が国家の存続に関わるなど笑い事……だろうか。

アイデンティティーを持たない民は、国籍などいとも簡単に超越する。ブータンは、政治の安定と高度成長を保つがゆえに、新天地を求める近隣民族に乗っ取られる可能性を危惧する。

日本にはその逆、政治と経済の低迷に後押しされる人材流出が国家経済を空洞化するリスクがある。企業の海外流出が問題化する今、微少でもゼロのリスクではない。

この数年来、スーパーシチズンという呼び名の国籍を超越する中産階級が、世界中で増えている。人づくりが国づくりではなくなる二一世紀のグローバルリスクだ。その到来に、わが国の政治家が気づいている様子はない。いったい彼らは、水が出た後、水路を造るつもりなのだろうか……。

（二〇一二年七月一五日）

「創立の原理」追求願う

国際通貨基金（ＩＭＦ）と世界銀行の合同年次総会が、来月中旬に東京で開かれる。わが国では、一九六四年、東京オリンピックの年に初めて開催されて以来のこと。

当時の日本は世銀から借金をしていたと言うと、驚く読者もおられよう。名を聞いた事はあるが、ＩＭＦと世銀をよく知らないという人が多いのは、わが国だけではない。

ＩＭＦと世銀は姉妹機関。通称ブレトンウッズ協定と呼ばれる国際合意で創立された。第二次世界大戦が終わる一年前、米国北東部の避暑地ブレトンウッズで開かれた通貨金融会議で、連合国四四カ国が調印した協定である。

目的は、戦後の世界経済に安定をもたらすこと。為替相場の安定策と共に、世界貿易の自由化振興と、戦後の経済復興と開発への金融体制を整えた。その背景には、第一次世界大戦後の暗い歴史があった。敗戦国が負った膨大な代償から、国際金融市場の不安定化、世界大恐慌、保護貿易主義、世界経済ブロック化と続き、第二次大戦へと連鎖していった世界の政治経済史。その流れを繰り返してはならないという深い反省が、調印諸国の動機だった。

協定は、英国代表団の団長と世界銀行設立委員会の議長を兼任した経済学者J・M・ケインズの先見の明と、洞察力、説得力なしには、不可能な偉業だった。全世界同一通貨や世界中央銀行を提唱したケインズ卿の理想にはかけ離れた協定となったが、堅実な現実主義者でもあった彼は、「両機関が創立の原理を守る限りthe brotherhood of man（人類同胞）は、単なる空言ではなくなるだろう」と、言い残している。

この「創立の原理」は、決して難しいことではない。国家経済を人の体と見なして、世銀は地域医療診療所、IMFは外科医院と考えるといい。

経済構造の疾患を長い間放っておくと、財政悪化という自覚症状が出る。世銀は、財力が弱い戦災国や発展途上国の疾患を啓発し、予防医療を施す。早期発見措置はもとより、症状悪化の防止策など、息の長い健康維持を支持する。世銀の融資に政策への厳しい条件が付くのは、そのためだ。

しかし、痛くもかゆくもない疾患は無視が楽。途上国に限らず政治のリーダーシップに恵まれない国によくある傾向で、たいてい手遅れ寸前に慌ててIMFの救急車を呼ぶ。財政を脅かす疾患にメスが入り、手術後数年間通院を義務づけられる。財政支援の点滴を受けながら、再発防止のために構造改革という苦い薬を飲み続けることになる。

五二年、IMF・世銀に加盟した日本は、翌年から六六年まで、戦後復興事業に世銀の融資を受けた。借入総額は、約八億六三〇〇万ドル。世銀の償還期間は驚くほど長いから、完済は九〇年七月。そう遠い昔の話ではない。

融資に最優先されたのは、深刻を極めていた電力不足の解消だった。関西電力（多奈川火力、黒部川第四水力）、九州電力（苅田火力、新小倉火力）、中部電力（四日市火力、畑薙水力）、北陸電力（有峰水力）、電源開発（御母衣水力、九頭竜川水系長野及び湯上発電所）と、大型発電事業がずらりと並ぶ。

その他、重工業部門（製鉄、造船、大型車製造）や、交通部門（東海道新幹線、東名高速、首都高速）が並ぶ中、食料自給率の向上を目指して、北海道と青森県の農地開墾と愛知用水事業も融資を受けた。

どれひとつとっても、日本の経済地図を塗り替えたと言える。しかし「創立の原理」を厳守する世銀なら、経済の健康維持につながるいい仕事だったかを問わねばならない。

例えば東海道新幹線。世銀が史上最も誇る融資と公言する理由は、カネでもモノでもない。

1964年10月1日、東京駅で行われた東海道新幹線の開業式（提供：世界銀行グループ）

大型事業評価のため国鉄に提供したコスト・ベネフィット（費用・効果）分析が、役立ったことだ。新幹線を国家経済と交通部門の大局観に置き、日本列島交通網の未来像を陸海空と包括的に捉えて分析。新幹線なしには鉄道そのものが斜陽化する、と結論づけた。政府保証を義務づける世銀融資契約が、単年度予算の継続不安を消すことも手伝い、「我田引鉄」議員の猛反対に対応する盾となった。

もちろん世銀が常に正しいとは言えない。その例が、電力会社への融資だった。電力市場の競争構造や公的管理体制を吟味せず、国の東西で異なる周波数をシステミック・リスクと捉えぬまま、地域独占企業である個々の民間電力会社に貸したのは、大間違い。新幹線で実ったいい仕事を、電力部門でもしていたら、東日本大震災の影響いかにと、ケインズ卿に合わせる顔がない。

わが国はＩＭＦに入院したことがない。しかし、この数年ＩＭＦは財政悪化に懸念を隠さず、警告し続けている。増税のみでは財政再建と成長回復は不可能。医療・年金体制の改革、もろもろの規制緩和と、今後の課題は多大だ。

だからこそ、ＩＭＦに願ってやまない。「創立の原理」を忘れずに、母国にとことんきびしくと。

（二〇一二年九月二三日）

ブータンの政権交代

「雷龍の国」ブータンが、第二回下院議員総選挙を無事終了（二〇一三年七月一三日）。五年前、立憲君主制に変わって早々政権交代となった。朗報を受け、あの国のメンターとメンティーに思いをはせる日々が続く。

メンター（mentor）の語源はギリシャ神話。トロイ戦争の木馬作戦で知られる名将オデュッセウスがわが子を託した腹心の顧問メントールに、由来する。辞書には、信頼のおける相談相手、良き指導者、師匠などとあるが、どれもニュアンスがもうひとつ。似合いの訳は関西弁で、師匠より気楽な含みを持つ「おっしょさん」だろう。

逆に英語には、「おっしょさん」の「弟子分」にあたる単語がない。米国の若者言葉からくるメンティー（mentee）がよく合うが、正式に掲載する辞書はまだ少ない。最近は、日本の若者も、メンターとメンティーを英語のまま使い始めているようだ。

そのメンティーとの付き合いが毎年ブータンに通う理由となって、足掛け一〇年がたった。きっかけは、先代国王の雷龍王四世から賜った。世界銀行を辞める際に、担当した国々とは今後一切関わらないと決めた。在任中に退職後の糧を蓄えたと見られるリスクがあるからだ。が、今生のお別れのつもりで伺った陛下に、観光客として来ればいいのだと、一笑に付された。なるほど、自費・無報酬もリスク管理の術のうちと、苦笑した覚えがある。

小国ブータンの国民は、どこでも親類縁者に囲まれていると考えていい。人の絆に支えられる代わり、しがらみなしで腹を割って相談できる人は、皆無同然。そうでなくてもリーダーには孤独がつきまとう。未来を担う若いリーダーらの相手をせよとの御意だった。

口が堅い以外取りえのないメンターだが、それが功を奏するのだろう。メンティーの心中を聴くことに努め、問題や悩みの神髄に自ら行き着くまで質問を重ねるだけなのに、肩の荷が軽くなるらしい。公私さまざまな役職に就く社会人はもちろん、学生や、兄弟姉妹、親子そろっての参加もあり、毎年メンティーの大きな成長を垣間見ては、楽しませてもらっている。

今春五月の訪問は、総選挙の真っ最中。上院選挙（無政党制度）は訪問前に終わっていた。が、予備選挙（複数の政党から下院選挙に出馬する二政党を有権者の投票で選ぶ）を月末に控え、選挙活動に熱が入っていた。メンティーの多くが立候補し、自分たちで結成した新党の活動や、五年

ブータン王国首相ツェリン トブゲイ（Tshering Tobgay）氏（当時、野党党首）と、彼のお嬢さんと共に、タラヤナ財団の創立記念祭で遊ぶ（提供：ツェリン トブゲイ首相）

前の総選挙で惨敗（四七議席中二議席）した野党の再建などに、奔走していた。

隣国のインドや中国はもとより、外国人の政治関与には非常に神経質な国のこと、会えば誤解を招くと案じた。が、皆、こういう時だからこそと言い張り、選挙活動の合間を縫っては会いに来てくれた。その一人は、秘境ブータンの最後の秘境と呼ばれる選挙区から三六時間歩き続けて下山し、一昼夜バスとタクシーを乗り継いでやって来た。真っ黒に日焼けした彼の笑顔を見た途端、涙が止まらなくなって困った。

立候補の動機に個人差はあっても、民に仕えるリーダーの情熱と信念が通底していた。皆まるで口をそろえたように「ブータンの民主制に金と権力の癒着を許してはならん」と奮起。詳細は省くが、この危機感が前政権の根本的な過ちをはっきり表していた。

選挙法上、それぞれ将来有望なキャリアをなげうっての出馬である。退職し、わずかな蓄えも底をついて、「この年になって親のすねをかじるとは！」と笑う若者も、少なくなかった。その様子は、勝手に「わがメンター」と決めている雷龍王四世の、人としての在り方をほうふつとさせた。陛下は、メンティーたちのロールモデル。当然である。

「わがメンター」に拝謁し、玉座を退かれた今は思う存分話し込む時間が、旅の無上な「報酬」である。今年は、「南洲翁《なんしゅうおう》遺訓」にある西郷隆盛の言葉を反すうさせる時が流れた。「命もいらず、名もいらず官位も金もいらぬ人は始末に困るものなり。此《こ》の始末に困る人ならでは、艱難《かんなん》を共にして国家の大業は成し得られぬなり……」

投票率低迷が続く母国を憂い、その根にある政治の在り方を考えさせられる旅でもあった。「始末に困る」人々がなす政権を選んだブータンが、心底うらやましい。

（二〇一三年八月四日）

憲法に幸福追求の権利

初夏の数日間、ブータンのトブゲイ首相が初めて公式に日本を訪問した際、「国民総幸福量」がメディアをにぎわした。日本ほどこのトピックが庶民の関心事になる国を、私は他に知らない。なぜだろうと、思いをめぐらしている。

前国王の雷龍王四世が、即位（一九七二年）後初の海外メディアインタビューで「国民総生産量より国民総幸福量のほうが大切だ」と語呂合わせをした。以来名称は定着したが、数値を連想させるせいか、その真意は広く知られていない。

実際、国際機構や、世界各国の官民研究機関が、いろいろな手法を用いて国民の幸福度を推測し、国際比較もはやっている。が、国民の幸福度をおおよそでも捉えているのかと心配するのは、私だけだろうか。

専門的な話にするつもりは毛頭ないが、国家経済の総生産量を測る場合は、生産と投入（労働、資本など）の関係を表す生産関数が理論的な足場となる。国民の幸福度を測る場合、そのような土台はどこにあるのだろう。幸福の心理構造に関する理論的根拠は経済学の域を超えるから、不勉強なエコノミストの私には見当もつかない。

心理学や脳科学の専門家によると、幸福の心理は人によって異なると考えるのが妥当らしい。だとすると、たとえ個人の幸福度を測れても、国民総幸福度の合計はできない。異質なものの足し算は、不可能。国民総生産のように、市場価格がリンゴとバナナの足し算を可能にするというわけにはいかないのだ。

理論的な骨組みがしっかりしていないと、データは真実を語らない。その上、結果の是非がどうあれ、数字は必ずものを言う。ピーター・ドラッカーが「計測されるものは管理される」と諭したそうだが、しかり。国民の幸福を無理に数値化して間違った指標が管理されると、政策に悪影響を及ぼすリスクが生じる。用心に越したことはない。

国民総幸福量は価値観。あの国の王家に代々伝わる政治哲学である。ブータンの国民総生産量に関する質問に「国民総幸福量のほうが大切だ」と答えた四世の真意は、国家安全保障戦略にあった。インドと中国に挟まれる人口七〇万人ほどの小国を守るのは「ブータンに生まれて本当によかった！」と本気で言える人心のみと、考えるからだ。

小国にふさわしい武力抜きの戦略と言えばそれまでだろう。が、日本史に残る武神・武田信玄の戦略「勝利の礎」(「人は城、人は石垣、人は堀、情けは味方、仇《あだ》は敵なり」)と同質の思考だ。国王直筆の勅令には「ブータンの外垣も国富も同じく国民である」と、幾度も繰り返されている。

具体的に、この政治哲学は、政策と公共機関の使命を、民の幸福追求を妨げる公的障害を取り除くことに置く。幸せも、それを邪魔するものも、万物にたがわず流転する。ゆえに国王は、政治家と公務員に、政策と公共機関の持続的進化を導く価値観を求めた。諸々あるうち、特に二つの価値観が重視されている。

一つは、社会問題と自らの公務を、権力や特権を持つ者の目線からではなく、公僕として仕える庶民の目を通して見ること。問題やその神髄が見え難い「上から目線」はご法度。国王自ら全国各地をくまなく歩き回るロールモデルで、「草の根から遠い政治はすなわち悪政」と、早くから地方分権を推進してきた。

もう一つは、常に包括的な観点で公務に臨むこと。ロールモデルの口癖は「幸せは本来包括的なものだ。日常生活の現実も、民の幸福も、省局など政府組織の境界線に都合良く収まりなどしない」。むろん「縦割り」は禁物、チームワークをとことん重んじる。

ブータンは桃源郷ではない。間違いも多く、実践は終わりのない学習の道だ。今は、新国王雷龍王五世のリーダーシップのもとで、哲学・国民総幸福量を黙々と追求し続けている。

日本国憲法は「幸福追求」を生命と自由と共に国民の基本的人権と見なし、「公共の福祉に反しない限り、立法その他の国政の上で、最大の尊重を必要とする」と謳う（第三章一三条）。

ブータンという国を知ってから、日本政府は本気で憲法を守っているのかと疑うようになった。ひょっとすると、わが同胞の鋭敏な直感が、「国民総幸福量」に私と同じ渇望を覚えるのかもしれない……。

（二〇一四年八月二四日）

経済の蘇生目指す規制改革

日本進出へと準備に追われる実業家の友人が「君の国は僕を子供扱いしたいらしい。None of your business!（余計な口出しをするな）と政府に抗議したくなる」と笑った。社会人として母国に住んだことがない私の目にも、さまざまな規制が企業と労働者を縛る日本は、まるで社会主義国のように映る。

規制改革の必要性は「失われた二〇年」の初頭から認識されてきた。その二〇年が四半世紀に近づく今、規制改革は待ったなし。企業が思う存分創意工夫をこらし、生産性を上げて、安定成長への扉を開く鍵だ。デフレ脱却の金融政策や、貿易自由化、財政再建も、規制改革なしには無駄か無理かのどちらかに終わる。

昨年一月、内閣府に規制改革会議が復活したとのニュースは、小躍りしたほどうれしかった。会議の主な責務は「経済社会の構造改革を進める上で必要な規制の在り方の改革に関する基本

的事項を総合的に調査審議すること」。（内閣府本府組織令第三二条）

低迷する経済を蘇生しうる責務なのに、一九九五年、行政改革委員会の小委員会として始まって以来いろいろあったらしい。幾度も名を変え姿を変えて存続したが、二〇一一年度から実質的に廃止されていた。

会議情報が内閣府ホームページに詳しく公開され、地球のどこからでも進展を追えるのもうれしい。頻繁に開かれる本会議と分野別作業グループの資料や議事録に加え、一般から意見や提案を受ける公開討論会と「規制改革ホットライン」の様子もうかがえ、見直すべき規制が山ほどある現実が分かる。私には専門外の議事ばかりだから、いい勉強をさせてもらっている。

が、会議を追えば追うほど、心配事が一つふくらむ。世界銀行での仕事柄、多種多様な構造改革に関わり、融資案件なら監査責任も負った。国や部門は違っても、成功と失敗の分水嶺は常に行政のオーナーシップ。わが国でも、規制の所管府省による巻き返しが改革の実現を妨げてきたと聞く。

規制改革会議の第二次答申も、同じ懸念に言及している。「規制改革は、時代の変化に合わせて、その所管府省自らが主体的に取り組むことが本来の在り方である。過去において、所管府省の自主的見直しを促す仕組みや制度が設けられたことがあったが、持続的な取り組みにならず、十分な成果を得ることができずに今日に至っている」

組織を成すのも変えるのも人間。改革の原動力は、組織の人間が共有する危機感だ。現状維持は組織を駄目にするという危機感が改革に挑む情熱を生み、自主的で持続性の高い変革を招く。いくら「仕組みや制度」で対応しても、規制所管府省が危機感を抱かなければ挫折は当然のこと。

世銀の官僚的な組織文化を変えたのも、大勢の職員が共有した危機感。火付け役は世銀の顧客、つまり発展途上国の貧民だった。

世銀の組織文化の問題は貧困の現場からかけ離れた「上から目線」。貧困解消の使命を担う公僕なのに、貧しさを人ごととしてしか捉えない仕事意識が、その根っ子にあった。

途上国での貧村ホームステイ体験に、この人ごとを自分ごとにする早道を見た。上司が動かなければ組織は変わらないから、管理職全員には副総裁命令。一般職員は男女半々名指しで人選。「嫌なら部下とは思わない！」と、心を鬼にして半強制的に実施した。

極貧の数週間、非識字の家族の英知と愛が、修士や博士号を持つ職員の心と体を支えた。「上から目線」の逆転に時間はかからなかった。「いったい今まで何をしてきたのだ！　このままでは世銀が危ない」という危機感が発生し、参加者のハートに火が付いた。「村と家族が抱

世界銀行の組織改革のために始めた貧村ホームステイで荷を運ぶ著者

える問題は、私たちが解消する！」という主体性も、一斉に芽吹いた。

職場に戻った情熱は飛び火した。同じ体験と価値観を共有しない人間とは仕事ができないと、類は友を呼び伝染病のように広がった。

数カ月後、年度予算会議が、成果の一面を見せた。管理職がおのずと「貧民の視点から援助戦略を見直そう」と合意。新戦略を練り、予算をゼロから組み直す議論は、部局を超え横につながるチームの会話だった。

部あって局なし、局あって世銀なし、世銀あって貧民なしと予算を奪いあい、顧客に押しつける「官僚的」な癖が、消えうせていた。

（二〇一四年九月二八日）

移民開国というパンドラの箱

人口減少の局面を迎えたからか。それとも産業界が外国人労働者の受け入れを強く要望するからか。「移民開国」を経済活性化の一策と見る論を、頻繁に耳にするようになった。

そのつど、パンドラの箱を連想する。ギリシャ神話の最高神ゼウスが、地に降りる人類最初の女性パンドラに持たせた箱。好奇心旺盛な彼女が神々の命令に背いて開けた箱からは、災いの全てが飛び出し、希望だけが残った。

人類の歴史は移民の歴史。この世に単一民族国家は存在しない。が、今日のわが国はそれにごく近く、同一民族と見なされる大和民族が、人口の九五パーセント以上を占める。そのような国は、南北の朝鮮と、アイスランド、アイルランド、アルバニア、ポーランド、ポルトガル、そして南太平洋に散らばるポリネシア系民族の島国数カ国のみらしい。

大小さまざまな民族移動の波は、古来、日本列島にも到達してきた。大和民族とは、長い

東京入国管理局の入り口に在留申請など並ぶ外国人。東京都港区、2015年2月10日（写真：読売新聞／アフロ）

歴史の時を経て文化が同一化した結果だと聞く。むろん民族間のさまざまな葛藤は、戦争も含めて、わが国にも爪痕を残した。悲しいことに、列島に住む異民族への偏見や差別も、いまだ消えない。しかし、今日の大和民族は、多民族国家の苦難を肌で知らない。私は、それが怖い。

私ごと、長年移民の国米国に住み、世界銀行業務の現場である途上国も全て多民族国家だった。紛争さえ引き起こす人種差別や民族戦争など、社会経済の発展を脅かす不安定が当たり前の環境。それが生活の場であり、仕事の場でもあった。

米国は異なる人種が融合する「るつぼ」と言われるが、多民族のモザイクと呼ぶほうが似合う。学生時代には、外国人に優しい国だと信じて疑わなかった。が、プリンストン大学に就職した際必要になった永住権手続きで、目が覚めた。

移民局はパワハラ常習者が勢ぞろいだった。虐待的な言動を見るに見かねて、言葉を選んで注意したら、「米国市民から仕事を奪うやつが生意気を言うな！」と、怒鳴られた。当時は法的に優先され、大学がスポンサーについた助教授でもそうだったから、一般労働者が受ける仕打ちは想像を絶した。手続きを共にした同僚の英国人助教授は「移民局の組織文化は米国の鳥《ちょう》瞰《かん》図」と嘆き、早々と母国に帰ってしまった。

永住権取得から足掛け四〇年。昨年、出張帰りの入国審査では「市民権をとらないのか」とまで聞かれた。「ハートの問題、星条旗に忠誠を誓うとうそになる」と答えた。深くうなずいて「市民になってほしい人だ」と笑った審査官が、移民大国の病根をずばり言い当てた。「違法合法にかかわらず増えるのは、金稼ぎ移民だけだ。経済移民は、帰化しても祖国への忠誠を変えない。ユダヤ系市民はもとより、高額所得者層の大半を占めるパキスタンやインド系市民も、外交政策を祖国のために操る。彼らはいつかこの国をだめにする」

そのパキスタンやインドをはじめ、仕事上付き合いの長かった南アジア諸国の指導者らは「多様なルーツの民族が今はひとつにまとまったミエコの国がうらやましい」と、よく言っていた。近年まで国籍法や移民政策を持たず、移民開国同然だった国々の指導者だ。大英帝国から独立を勝ち取ったと思いきや、民族間の紛争や少数民族独立活動が台頭し、いまだ平和を知らない国も少なくない。

彼らは、単一文化でも複数でも、その文化を皆で共有する社会に属するという安堵《あんど》感は、一国の民たる自己認識の核だと、主張する。「移民政策は国家への帰属意識を左右し、間違えば国体維持さえも脅かす」と、口をそろえていた。

母国に住んだのはわずか一七年。全人類を職員一万人に縮小したような世銀に勤め、その上、選んだ連れ合いは英国人。なのに、いつまでたっても日本人なのだろう。「あうん」の意思疎通を不思議とも思わない同胞が恋しくて、いたたまれなくなることがある。文化を共有する安堵は、失ってみないと分からない。

パンドラの箱は開いた。残る希望は、大和民族がたどった同一化の道そのものであろう。異国の文化を吸収しつつ豊かに変わりゆく日本文化を共有する国を、意図して作る覚悟が要る。この覚悟を国策として世界に開く日本なら、憧れて帰化を望む外国人も増え、わが国を大いに潤すはずだ。

（二〇一四年一一月二日）

草の根政治教育の力

恥を忍んで白状すると、選挙で票を投じた経験は一度しかない。米国留学中に、一時帰国と選挙が幸いにも偶然重なったからだった。

一七年前、海外在留邦人も国政選挙に選挙権を行使できるようになり、早速在外選挙人名簿に登録を済ませた。住み慣れた米国首都ワシントンでは、日本大使館が投票所になる。しかし当時は世界銀行に勤めていたせいで、一年の半分以上は海外出張の身。選挙のつど長期間不在で、悔しい思いばかりしていた。

世銀を辞めてからはカリブ海域にある英国海外領土バージン諸島の別荘で過ごす日が多くなった。むろん、投票所になる母国の公館などない。郵便投票制度を使いたいが、日本とバージン諸島間の郵便物は片道一カ月以上かかる。登録先の選挙管理委員会から投票用紙が届くのを待つ間に、選挙が終わってしまう。

そういう背景からか、世界のあちこちで投票所に向かう人々を見ると、うらやましさを越して、まるで自分の国のことのようにうれしくなる。六月に施行されたバージン諸島の総選挙でもそうだった。

第二次世界大戦後「日が沈まぬ」とまで言われた大英帝国が終わりを迎え、世界は植民地独立の熱に浮かれた。が、バージン諸島はその世情に背を向けた。約六〇の島々から成り、全島あわせてもやっと小豆島《しょうど》の面積。「人口一万人（当時）の島国に国家経済を維持する力はない」と、英国海外領地として活を得る道を選んだのだ。外交と防衛は英国にまかせ、内政は民主議会制の主権国とほとんど違わない自治権を取得した。

立法府は一院制一三議席の議会である。全有権者（一八歳以上）約一万四〇〇〇人の大選挙区から四議席、有権者数一五〇〇人ほどの各小選挙区から一人ずつ九議席が、任期四年で選出される。エリザベス女王の代理を務める総督が、多数党党首を首相に任命する。

政党は複数あるが、実質的には二大政党政治だ。その二党にイデオロギーの大差はない。与党経験が最も長い「バージン諸島党」は支持基盤を低所得者層に置き、野党経験のほうが長い「民主党」は中産階級から富裕層に支持者が多い。

今年の総選挙の焦点は、バージン諸島党を長年率いてきた党首が引退したため新しく選ばれたリーダーの評価となった。「権力は腐敗しがちである」と言われるが、近年のバージン諸島党にも汚職の風評が絶えない。新党首はそのドン的な存在といううわさで、島民の心配の種だった。

前代の先見の明がもたらした自治権を誇る土地柄、長老たちは「選挙はその恩に報いる厳粛な行事だ」と言う。お祭り騒ぎの選挙運動や、騒がしい街頭演説など見当たらず、立候補者は集落から集落へと歩き回っては集会を開く。

各議席に複数の政党が候補者を立て、無所属の立候補者も少なくない。有権者にとって大きな時間の投資になるが、島民はよほどのことがない限り出席する。長老の一人が、島民には老若を問わず重んじるコミュニケーションの流儀があるからだと、教えてくれた。「顔を合わせにゃあ話にならん。目を見て話さにゃあ心が通わん。信頼感が伝わらんからのう」

親類縁者やお隣近所を誘い合い、家族ぐるみで参加するのが島のしきたりらしい。さぞにぎやかだろうと思いきや、真摯《しんし》な政策議論が飛び交う集会だった。親の本気を感じるのか、幼い子たちは静かに討論に聴き入り、乳飲み子さえ泣きもしない。一八歳未満の子供たちにも発言が許されるのに驚き、その堂々とした態度に、これこそ真の政治教育と感動した。

その時、ふと思い出した。両親にとって、私の初投票は、赤飯を炊くほどの祝い事だったこ

英領バージン諸島の 2015 年総選挙。投票日の早朝、島民が投票所の開場を待っている様子（提供：The BVI Beacon）

とを。政党や立候補者の経歴などいろいろ話しながら、投票所に連れて行ってくれた母の、さもうれしそうな顔。その日の報告を肴《さかな》に晩酌しつつ政治談議に酔う父の、感無量な面持ち。選挙権放棄を恥じ続ける自分の価値観の根源を、垣間見た気がした。

バージン諸島の選挙結果は、民主党の圧勝だった。投票率は六八パーセント。有権者の相当数が海外在留者だから、住民の九割強が投票した計算になる。目を丸くする私に、長老たちは「自治を誇る我らには当たり前じゃ」と笑い、低迷する日本の投票率の話に、首を振り振り眉をひそめた……。

（二〇一五年一〇月一八日）

スイスの「無敵な力」

わが国の安全保障の在り方を変えようとする動きが日米両国の政界にちらほら見え始めた頃から、気にかかっていることがある。変える変えないにかかわらず、国家の安全を「保障」する態勢を整えるのなら、その戦略はどう在るべきかと。

戦略とは「戦」いを「略」すこと、とも読める。ならば、どう戦うかではなく、どう戦わないかを考えねばなるまい。ゆえに、いかにして敵を作らぬかを究めるのが、至高な戦略思考であろう。国家安全保障の戦略ならば、なおさらのことだ。

帰国中に各界の指導者的立場にある方に会う機会があると、必ずこの考えを試してみる。外交にも軍事にも明らかに疎いエコノミストの言うことだから、たいてい「理論上は正解だが、非現実的だね」と、一笑に付されるのが落ちだ。

それがかえって至高な安全保障戦略を夢みる糧になるのだから、たちが悪い。しかし、千代に八千代に末永く平和を保つための戦略に、他の考え方があるとはどうしても思えないのだ。

幸い、そんな私を笑わない友が一人いる。一九世紀初期から永世中立を守ってきた平和国スイスの高官だから、笑わないのは当然で、真剣に議論相手になってくれる。彼は「敵を作らぬ戦略は、すなわち無敵な力をつける戦略だ」と、力説する。味方を増やす外交姿勢と取り違えたら、どこかに必ず敵を作ってしまうから危ないと、警告もする。

スイス人は、自分の国を「小さな山国」と称してはばからない。独仏伊など欧州諸国に陸封された九州ほどの領土に、大阪府を下回る人口が住む国だ。しかし、国民皆兵を基本方針とした精強な軍隊を誇る国で、道路や橋など多くのインフラにさまざまな防衛設備を施し、国全体が要塞とさえ言われる。スイスは「無敵な力」を軍に見るのかと聞いたら、それこそ非現実的だと、大笑いされた。国民は、有事の際には焦土作戦さえ覚悟するが、武力はあらゆる策を使い果たした最後の自衛手段だと、笑った。

スイス国防戦略の無敵な力は、「抑止力」だそうだ。スイスを侵略すれば大損するだけだという状態を、国のあらゆる政策を駆使して包括的に作り上げ、国際社会の変動に対応しつつ維持することで、戦争を未然に防ぐ力をつけるのだ。

国連諸機関をはじめ多くの国際機構を戦前から積極的に誘致してきたのは、この戦略の一環だったのかと驚いた。グローバル金融発祥の地という説もあったと思い出したら、スイスのさまざまな経済政策が、抑止力を軸に回り始めた。

一例を挙げると、近年まで顧客情報を極秘扱いとして、内外税務当局などにも絶対明かさない姿勢を貫いてきたプライベートバンキングの発展も、抑止力を成す駒の一つだろう。それを可能にした背景には、金融部門全体の堅実な成長や、保守的なマクロ政策、高度な国際信用などがあった。次から次へと思いつく経済政策の全てが、国防戦略の一環だろうと想像できて、目が回りそうになった。

「すごい国だ」と仰天する私に苦笑し、「頑固一徹が国民性のスイス人が、本気になったからだ」と平然と言う友に、また仰天した。たった一度でも国外で武力を使えば、長年苦労して培ってきた抑止力が元も子もなくなる。だから「命がけで当たり前のことをしてきただけ」だそうだ。ちなみに、スイスが国連平和維持活動（ＰＫＯ）に積極的に派兵する一方、人道支援のみに徹する姿勢を崩さない訳も、ここにある。

しかし、最も重要な政策は教育だと、彼は言い切った。永続しない平和は平和ではない。抑止力の持続的育成を可能にするのは、常に一〇〇年先を見据える国民教育。文系理系双方の学問から幅広くかつ総合的に教養を高め、平和を尊ぶ歴史観を養い、鋭敏な判断力を育み、信念

多くの国際機構の存在もスイスの力になっている。国連ヨーロッパ本部（ジュネーブ）（写真：AP／アフロ）

を持って行動するリーダーシップ精神を持つ民であってほしい。その上で、スイス人に生まれて幸せだと心の底から言える国民が、永世中立国家の砦《とりで》になると熱弁する友の目に、光るものがあった。

小国にふさわしい武力に頼らぬ戦略と言えば、それまでだろう。しかし、武神武田信玄の戦略「勝利の礎」（「人は城、人は石垣、人は堀、情けは味方、仇は敵なり」）に通じる思考だと、感じ入った。

わが国のふがいない安全保障の在り方に、彼岸の信玄公の憂いやいかに……。

（二〇一五年一一月二二日）

第四章　組織よ変われ

グローバル人材育成

ちかごろの日本企業の課題は「グローバル人材の育成」らしい。海外事業拡大のために異文化の中で活躍できる人材を育てたいが、どうしたらいいのか分からないと、よく相談される。課題が的を外れているのだから、分からないのは当然。「なでしこジャパンを見習ってみたら」と、謎をかける。

異邦の文化に戸惑うのは、日本人に限らない。他の会社の組織文化でさえ、違えば誰でもまごつく。「かわいい子には旅をさせろ」で、異文化に飛び込めば成長の糧に恵まれる。語学力の向上と全く同じで、要は慣れ、なのだ。

もちろん、異質な文化に順応する人材は大切だが、日本人社員が外国人になりきることはできない。異邦の観点を企業のグローバル化に役立てたいのなら、外国人を雇うのが本筋だ。

ゆえに、グローバル企業の課題は、多民族社員の文化的な違いそのものを会社の財産にすること。違いをプラスにする仕事の流儀、つまり、多様な選手の結束力を武器にした、なでしこジャパンのような本物のチーム精神を、組織文化の主流にすることである。

念のため、社員をチーム育成の研修に送り込んですむことではない。研修は、まず社長から！　トップが納得した上で、チームの観点から組織を徹底的に見直さなければ、組織文化はびくともしない。外国人社員を雇い、海外進出もしているのに、お世辞にもグローバルとは呼べない会社が多いのはこのせいで、日本だけのことではない。

その一例が、約一五年前までの世界銀行だった。

当時も今も一万人前後の職員が、米国首都ワシントンにある本部と、世界中に散らばる一二〇以上の現地事務所で働く。全職員の国籍に見あたらないのは、北朝鮮やキューバなどほんの数カ国という多民族組織である。

Think globally, act locally（グローバルに考え、ローカルに行動せよ）とはもっともしごく。現場の知識が先導して世界最先端の知識を誘致し、顧客目線に沿う草の根の行動を世界規模で考えるのが、世銀の理想であり、強みでもあるはず。これを地で行く鍵となるのが、現場を熟知する事務所と地球観点からサポートする本部の、チーム精神だ。

しかし、当時の現実は、チーム精神からかけ離れた中央集権ワシントン命令型だった。現地事務所の権限は皆無に等しく、いちいちワシントンにおうかがいをたて、本部の意思を顧客に伝えるだけの伝達係。仕事が遅い上、不適切な判断が頻繁で、当時大問題になっていた業務品質の低下と融資額減少の筆頭原因だった。

特にひどかったのは、人事の不公平。現地事務所には、国づくりの情熱に燃える優秀な人材が競って集まる。組織の宝であるはずのその職員を、「現地採用だから」というだけで、本部の人事と別扱いにしていたのだ。

南アジア数カ国担当の局長になった時、部下の半数近くが幽霊職員だと気づいて、ぞっとした思い出がある。人事ファイルは本部採用職員のみ。現地採用職員は電話帳にも載っていなかった。職員証明書さえ発行されておらず、本部に出張の際は外来者扱い。人件費は「その他」の欄に含まれていた。

職種の定義や、採用と昇進の基準、給与査定の方法、退職金制度など、ほとんどの人事規定が事務所ごとに異なり、不透明で慣習的な性格が強く、幽霊どころか差別待遇。保険制度なしと知った時は、それが意味するContingent Liability（不確定責任）に震え上がった。

幽霊と人間の間では、チームは組めない。まず幽霊退治に取り組んだ。通貨購買力を現地事務所職員の給与査定におり込む以外は、人事規定を同一化する仕事だった。幸い、総裁と人事担当副総裁の全面的な協力を得て、自局で実験的に改革を進め、成果を吟味した後、世銀全体に広めていった。

新人事体制が動き出した時、まるで競技場の霧がサーッと晴れ上がったように感じた。プレーヤーそれぞれのポジションと能力が、予想以上にはっきり見えた。全員そろってビジョンと価値観を共有したら、チーム精神主流化への道順がつくと、ワクワクした。（その道程は、拙著『あなたの中のリーダーへ』〔英治出版、二〇一二年〕で紹介してある）

なでしこジャパンのファンには説明不要だろうが、本物のチーム精神は働きがいと生きがいを融合する。だから、チーム主流の組織文化づくりに、改革の痛みなどなかった。

国籍や民族はもとより、専門分野の違う男女がお互いを思いやる。異質の観点や反対意見を尊重し、正直で率直な会話を好む。笑いが途絶えず、仲間との時間が待ち遠しい。本気で力を合わせ、一足す一が一〇になる喜びを知る。

さまざまな違いを超越し、毎日が楽しくてたまらないチーム主流の組織づくり。その学習の道が、真のグローバル人材を生み、育んでくれた。

（二〇一二年一〇月二八日）

自由な寄付こそ厳しさを

世直しの力は、若者、よそ者、変わり者にある。世界中どの国でも、NPO（非営利組織）はまさにその集団だ。

官民ともにNPOに関する理解度が低いと言われてきたわが国でも、東日本大震災がひとつの大きな転機になった。NPO法人を設立する若いリーダーが増え、就職先に望む優秀な若者も多くなっていることは、喜ばしい。

NPOの頭痛の種は資金難というのが通説。事実、会員費のみで活動するNPOは世にまれで、ほとんどが寄付に頼り、「わが国には寄付文化がないから厳しい」という文句をしばしば聞く。しかし、活動と資金調達のつりあいを見極めるビジネス戦略をたてればすむことだ。資金難は症状。頭痛の種ではあっても、問題そのものではない。

経営品質の向上が課題となるNPOもあるだろうが、やる気さえあれば解決の術は組織内に

タラヤナ財団が活動する離村は、最寄りの国道から徒歩で数日から数週間の距離にある。自ら率先して草の根を訪ね回る総裁の楽しみは、山道で出合う村人とのひと時。財団で働く若者たちは、草の根の声に真摯に耳を傾けるリーダーの背を見て成長していく（提供：タラヤナ財団）

ある。ＮＰＯにとって、今のところどうすることもできない問題は、寄付の在り方であろう。

政府や民間財団はもとより、個人の寄付も、多くが何に使うかを具体的に制限し、たいていは活動経費のみに限っている。そのうえ、人件費や義援物資などと、対象になる経費の内訳まで細かく指定する寄付も少なくない。

目に見えるモノに使われれば、安心して寄付ができるのだろうか。それとも、ＮＰＯ法人の会計監査を信用しないのだろうか。理由はどうあれ、用途を制約する寄付は、草の根のニーズに迅速かつ柔軟に応じるのが本領なはずのＮＰＯの手足を縛り、せっかくの寄付の効果を下げかねない。

日本だけの問題ではない。インドのスラム街で出会った某ＮＰＯ会長は、小学校の給食に使える寄付がないと嘆いていた。立派な校舎や、設備、教師、教材はそろっても、貧しい子供たちの極端な栄養失調を改善しなければ、貧困から脱出する力となる学習効果が期待できないからだ。「わが国の贈与者は寄付金の用途ばかりにうるさくて、その結果生じる成果には無関心！」と、憤慨していた。

その「成果」を実らすために最も効率的なのは、自由に使える寄付だ。が、規制するなと言うつもりは毛頭ない。自由に使える寄付だからこそ、厳しくなければならない。

何よりも大切なのは、ＮＰＯを率いるリーダーシップの善しあしと経営品質を吟味することで、寄付の唯一の条件と言っても過言ではない。評価できる内容でなければ、活動にどれほど賛同しようとも、寄付はよすほうがいい。

寄付後は、会計管理などの運営状態に、株主的な目を光らせるのが当然だ。活動が生み出す成果も追跡し、しっかり評価をしてもらいたい。

それは厳しすぎると悲鳴をあげるＮＰＯも、少なからずあるだろう。しかし、寄付とは、人様の大切なお金を無償、返済免除でいただくことだ。金融業以上に厳しく自己管理をして、良い経営にいそしむのは、ごくあたりまえである。

いい成果を生むＮＰＯほど、自分に厳しい。世界で指折りの例は、バングラデシュ農村向上

財団が重要視する支援のひとつは、女子教育。おかげで小学校に通えるようになった貧村の女の子とタラヤナ財団総裁の微笑ましいひと時（提供：タラヤナ財団）

委員会（略称BRAC）。用途を細かく制限する寄付はもちろんのこと、自由に使える金でも、ビジョンと価値観の異なる組織や個人からの贈与は断る。自国政府の助成金も、頑として受けない。

BRACの経営品質は、世銀もかくありたいと思うほど素晴らしかった。資金調達戦略も見事で、自転車操業的な経営状態でいい仕事ができるわけはないと、長年自己資本づくりに専念してきた。農民の現金収入を増やしながらBRAC資本金の糧にもなるさまざまな事業を起こし、成功を収め続けている。手織り・手刺しゅうの民族衣装や小物類を扱う会社は、今やあの国の高級ブランドだ。

もうひとつの例は、拙著『国をつくるという仕事』で紹介したブータンのタラヤナ財団。寒村社会の自助自立と発展を目的に、斬新な活動を続けるN

ＰＯだ。民間企業顔負けの経営戦略と会計管理、優秀な活動成果とその広報など、大変な努力を重ね、自己資本による組織の持続性を確立。今では、資本を活用した投資のおかげで、寄付金総額以上を支援活動に生かす。

財団の総裁が稀有なリーダーだからこその結果であり、財政が火の車時代から続けてきた私の寄付もそれゆえだ。私ごと、拙著の印税と日本でいただくもろもろの謝礼全額を寄付している。しかし、もしも経営品質や会計管理に支障が起きれば、改正を要求し、満足できない場合は寄付を停止するつもりである。財団は、この意図を深く理解し、歓迎してくれている。

先日、タラヤナ財団総裁から、昨年送金した寄付への礼状が届いた。署名の下に、彼女の手書きで、こう記されてあった。「寄付で伝える優しい心に、優しいからこその厳しさが加わらないと、結果的に困るのは、自助自立精神に目覚めた草の根の民です。来年も、私たちの活動をよりいっそう厳しく見守ってくれるよう、心より願っています」

（二〇一三年一月六日）

幸福追求の経営理念

不祥事に、ただ頭を下げるだけの大企業トップが多い。それで済むのかと疑っては、『日本でいちばん大切にしたい会社』（坂本光司著、あさ出版、二〇〇八年）を繰る。

著者が紹介する会社のほとんどは中小企業だ。とはいえ、規模は大小さまざま。業種も果物屋や総合病院など多種多様だ。が、まるで申し合わせたように、揃って稀有な経営理念を貫いている。幸せを企業の最高使命に置く経営理念だ。

社員と社員の家族。下請けや運送など、直接関連する業者の社員とその家族。会社が属する地域社会の住民。顧客はもちろん、株主、銀行、その他金融業者……。つまり、会社が関わる全ての人の幸福を追求する経営理念である。

「大切にしたい会社」は、紆余《うよ》曲折はいろいろあったにしろ、この理念をブレなく実行してきた。その結果、企業を大きくすることを目的に掲げないにもかかわらず、成長とダイナミック

伊那食品工業本社を視察訪問したブータン王国のナムギェル大使（左）と塚越寛会長（提供：伊那食品工業株式会社）

な発展を持続している。

中には、約半世紀にわたって増収と増益双方を維持したという驚異的な沿革をもつ会社もある。「かんてんぱぱ」ブランドで知られる伊那食品工業。研究開発に力を入れ寒天の可能性を拡大し続ける、総合ゲル化剤メーカーだ。その姿に、斜陽産業と見なされていた業務用寒天を、細々と製造していた面影はない。

幸せを追求する経営理念の現場見たさに長野県伊那市の本社を訪れた際、塚越寛会長が「あたりまえのことをしているだけですよ」と笑った。その笑いに、ブータンの先代国王、雷龍王四世の笑い声が重なった。

国民総幸福量という政治哲学で知られる国王も、「民の幸せを中心に国を治めるのはあたり

社員も同席しての、和やかな歓迎晩餐会（提供：伊那食品工業株式会社）

まえだ」と笑ったことを思い出して、ハッとした。「大切にしたい会社」の経営理念も、ブータンの政治哲学も、そのDNAはトップリーダーの「本気」にあるのだと。

幸福追求の経営理念と政治哲学は、まるで一卵性双生児。違いは対象が企業か国家かのみと、言っていい。

国民総幸福量は、国王が国家存続の意義を自分自身の責任として捉えたことに始まった。民を路頭に迷わせてはならない。だから、持続的な発展を本気で考え、行動に移した。

国王は、為政者に幸福追求を妨げられる民が国家不安定の根だと、世界史に見た。「この国に生まれて本当によかった！」と言える民の幸せ感こそ、国防の基礎だ。ならば、国民の幸福を国づくりの最高使命と置くのはあたりまえ。経済成長はそのための重要手段であり、目的ではない。

国民総幸福量は、ブータンの国家安全保障戦略。インドと中国に挟まれた小さな国が、類あっても比のない国づくりで生き残るという、「戦」いを「略」す、本物の戦略なのだ。

幸福追求の経営理念でも、トップが会社存続の意義を自分自身の責任として捉えている。社員と社員の家族を路頭に迷わせてはならない。自社が世話になる人を困らせることなどできない。だから、持続的な発展を本気で考え、行動に移す。

「この会社に入って本当によかった！」と言える社員は、会社のなすこと全てを際立たせる。会社に関わる人々にカネやモノ以上の感動を与え、無敵な競争力をつける。この幸せ感こそ、企業存続の基礎だ。ならば、幸福を企業の最高使命とするのはあたりまえ。成長はそのための重要手段であり、目的ではない。類あっても比のない会社づくりで生き残るという、「戦」いを「略」す、本物のビジネス戦略である。

国王でも、会長でも、誰でも、トップの責任を自分の事として捉える時、目の前にあるのは自分が動かなければ何も変わらないという現実だろう。あたりまえを全うする「本気」リーダーは、揺るぎない信頼を生み、発展への原動力になる。

しかし、信頼と依存は背中合わせ。「大切にしたい会社」から学ぶ事は尽きないが、唯一の心配はトップの引き際だ。長居をし過ぎてリーダー依存症が生じたら、長年の努力が水の泡となりうる。突然の退位で世界をアッと言わせた雷龍王四世を見習って、水際立った引き方を期待したい。

「大企業のサラリーマン社長に、それは無理」と笑われたことがある。否。トップの責任とそのガバナンスをどう構えるかの問題であろう。最高経営責任者が、不祥事の全責任を負って辞めるのは、あたりまえだ。

（二〇一四年一月二六日）

女性の社会進出

女性の社会進出問題は多面的な性格を持つことから、いろいろな指数を使った国際比較が発表されている。しかし、どう測っても、日本は欧米諸国に大きく水をあけられ、発展途上国の多くにも後れをとる。

年に数回の帰国で参加する会合は限られているが、紅一点の場が少なくない。欧米なら参加者が必ず眉をひそめ、意見する人が出ても当然な状態。それを不自然とさえ認識していない様子に、差別の不気味さを覚える。まるで「紅一点」の自分が、透明人間になったように感じるのだ。

対象が女性であれ何であれ、差別に違いはない。わが国の現状は、一九六四年に公民権を得たアフリカ系米国市民が、雇用機会の均等を法的に保障されながらも、社会・経済的な地位の向上を拒まれ続けた昔を、ほうふつとさせる。

制度化された差別は、トップの確固たる意志があれば解消できる。難しいのは、目に見えない無意識差別。本人が自覚しない差別意識は、人間なら誰でも持つ。自分も例外ではないと初めて肌で知った時は、計り知れない打撃を受けた。

社会心理学で開発された潜在的連合テストという手法がある。Implicit Association Testを略して通称IAT。人間が社会的な対象に関して無意識に持つ態度を測定するテストだ。手法が簡単で、結果の信頼性が高く妥当性に優れていることから、教育や経営など、さまざまな分野で応用されてきた。

その簡易版を、世界銀行の管理職研修で受けたことがある。ふた昔ほど前、女性職員に対する差別が問題になり、改革を手がけ始めていた頃だった。

絵二枚一組を一枚ずつ見て、いいと感じたほうを選ぶだけのテストだった。絵を掲げた人が登場して、あっという間に退場し、もう一枚の絵を掲げた人が同じように現れて、またすぐ下がる。研修生は、どちらを選ぶかを用紙に記入し、次の一組を見る。それがあきるほど幾度も繰り返された。

結果の発表となり、最初の一組の得点が公表されて二枚の絵が初めて同時に並んだ。その瞬間、うめくようなどよめきが起きた。二枚の絵は同じ絵だった。誰一人それを認知せぬまま一枚の絵を選んでいたのだ。

その理由は、一組ごとに絵が現れ、結果が発表されるたびに明確になり、研修生を打ちのめした。全員が、絵ではなく、絵を掲げた人を選んでいたのだ。私自身も含めて、研修生の大半が、女性より男性が掲げた絵を選び、アジア・アフリカ系の有色人種より白人が掲げた絵を選んでいた。

自分の幽霊を見たような思いに鳥肌が立った。吐き気を覚えた同僚もいた。キューバと北朝鮮を除く全世界の加盟国国民が働く世界銀行。その多民族組織を率いる管理職の心に、おのおのの性別や人種にかかわらず女性と有色人種への偏見が潜む。この事実を無視したらリーダー失格、真っ正面から向き合うしかないと、皆で眠れない一夜を語り明かした。管理職が共有したこの恐ろしい体験は、女性問題解消に本腰を入れる原動力のひとつとなった。

「幽霊退治戦略」と親しみを込めて呼ばれた改革戦略は、女性問題を組織文化の問題と位置づけて、こううたった。「差別を消すのは組織文化、規制ではない。組織文化は大多数『民族』の文化。ゆえに戦略は人口。全職務階級において女性を増やすのが、戦略である」

組織文化を変える鍵は上級職や管理職が握る。だから、生え抜きの女性が多数進出するまで想定外の時間がかかり、脱線の可能性も高い。世銀取締役会は「一〇～二〇年も待つのは開戦

実効性ある「男女雇用平等法」を求め東京・日比谷公園でハンストを行った女性グループ。1984 年 3 月 17 日。翌年の男女雇用機会均等法の制定から 30 年以上経たが今なお日本は女性の社会進出で各国に後れをとっている（写真：毎日新聞社／アフロ）

前の白旗同様」と決議。内外から人材を登用し、既存文化に負けないよう組織的に支援する作戦を選んだ。

改革の第一歩は人事担当副総裁の誘致。ヘッドハンティングを経て選ばれた人は、民間企業や政府機関での経験豊富なプロで、うれしいことに米国籍を取得した日本女性だった。彼女の目覚ましい活躍そのものが、男性が作った組織文化を変えるのは皆の仕事のためになり、そのうえ「楽しい！」という現場体験を増やし続けた。「幽霊退治戦略」の効果は、驚くほど早く表れた。

明日はひな祭り。女の子も男の子も天性の能力を伸ばし、可能性を思う存分発揮する未来を願う。女性の社会進出が、あらゆる場で自然体の半数になる「楽しい！」日本が、待ち遠しい。

（二〇一四年三月二日）

女性の登用促進策

前回の記事に大勢の読者から感想を頂戴し、大変いい勉強をさせていただいた。特にうれしかったのは、年齢も役職も異なる男女が、そろって、女性のクオータ（割当制度）を義務づけるのはいい方法なのかと、真剣に悩んでおられること。

女性の割当制度は男性に対する逆差別になる。ひとつの差別を他の差別で解消するのは、偽善でしかない。私は、ごめんこうむる。日米両国で差別を体験した時の、あのやりようのない鬱憤は、誰にも経験してもらいたくない。女性の登用促進策は、他にある。

仕事柄、数十年にわたって世界各国の政党や、行政機関、民間企業等で、女性や少数民族の登用を促進する割当制度の現場を見てきた。成功例も失敗例も同様に多く、一概にいいとも悪いとも言えない。

しかし、失敗と成功の分かれ目は、はっきりしていた。言うまでもないが、この制度は不適任者が選ばれるリスクを高める。失敗原因のほとんどがそれで、初期の割り当て登用は目立つから、当人はもとより後に続く人のためにもならなかった。成功例に共通する要因はその逆。選ばれた人物が逸材で、ロールモデルとパイオニアの役目を担い、後に続く者に道を開いて、割当制度を無用にした。

つまり、女性の登用促進策は、優秀な人材を選ぶことに尽きる。念のため、優秀な女性をと言っているのではない。優秀な人材を男女の差別なく選ぶこと。それが、女性の進出を促進する結果をもたらすのだ。その鍵は、「男女の差別なく」を、具体的にどう全うするかにある。

管理職等への女性登用を経営戦略の一環として本気で挑戦するつもりなら、生え抜きの女性候補が出るまで待てないだろう。ふた昔ほど前の世界銀行がそうだったから、参考に当時用いた方法を紹介しよう。

まず大切なのは、女性候補を増やすこと。この努力なしに「男女の差別なく」優秀な人材の選考は不可能だ。今日のわが国のように、当時は上級職や管理職候補に適する女性の人口が、世界的に少なかった。募集広告を大々的に出しても、応募者は男性ばかり。ただ応募を待っているだけでは、埒《らち》があかない状態だった。

世銀内部の候補者には、「数年早め」の女性職員をリストアップ。外部の女性候補者は、

クオータ制やアファーマティブ・アクション（積極的差別是正措置）には逆差別との批判も少なくない。米国では大学入試に関するアファーマティブ・アクションをめぐる裁判が大きな注目を集めた。ワシントンの最高裁前に傍聴のため並ぶ人々。2015年12月9日（写真：AP／アフロ）

ヘッドハンティングを介して世界中から探し出した。ちなみに日本では、海外で働く日本女性が標的の内に入るだろう。その人口は決して少なくないから、効率は高いはずだ。

次に大切なのは、候補者に関する情報を「男女の差別なく」完璧にする努力。私は、公募した役職ごとに職員有志による委員会を設置し、「三六〇度情報収集」の任務を託した。候補者の上司の推薦のみに頼らず、同僚や、部下、顧客等から評価を集めるためだ。上司と上司以外では評価が異なるのが普通。そのギャップが、女性や有色人種の候補者では同一人物かと疑うほど大きく、衝撃を受けた。

無意識な差別感覚は、人間なら誰の心の奥底にでも潜む。ゆえに、委員会の構成には、格別気を配った。特に男女半々の構成を厳守し、運転手や秘書から上級職まで有志を募って、多様性を重視した。

最後に大切なのは、インタビューの仕方。委員会の調査報告を消化して臨むインタビューだが、ここでも男女半々の構成を厳守し、私の場合は男性の同僚に同席してもらった。頻繁に起こる判断の差に、無意識差別は無意識だからこそ怖いと、肝に沁《し》み入った。男女の面接官を置く重要性は、強調してもしきれない。

こうした選考過程を踏むと、十中八九、女性が選ばれた。上級職や管理職の候補と見なされる女性は、大小さまざまな差別の障壁を乗り越えてきたはず。そういう人材がトップになる確率は、高くて当然なのだ。「真実は小説より奇なり」と、部下たちが喜んだ。

ちなみに、候補者には前もって必ず選考過程とその意図を説明した。例外なしに歓迎され、時には感謝されたり褒められたりしたことが、印象深かった。

豪州の某企業から、財務責任者として採用した女性は、オファーを受けてこう言った。「正直、世銀に興味などなかったの。でも選考過程を体験して考えが変わったわ。こういう組織なら、自分自身の可能性に思う存分挑戦できると！」

（二〇一四年四月六日）

ワーク・ライフ・バランス制度

欧米の大手新聞雑誌が、日本の女性問題を、頻繁に取り上げるようになった。そのせいか、海外のどのような会合に顔を出しても、話題に上る。「私の国が抱えるのは男性問題、女性問題ではありません！」と、笑い飛ばしている。

しかし笑い事ではない。海外メディアが伝える日本の男性像は、ひどい。仕事中毒、父親失格、家庭を顧みぬ夫……。欧米文化圏の価値観では最低だ。

個人の価値観は、社会経済の構造変化に適応するよう変わるのが常。とはいえ、新しい価値観を社会の主流にするのは、世代交代であろう。それに人口の高齢化がブレーキをかけるのか、欧米諸国に比べると、わが国の価値観の変化はまるで氷河の動きのようだ。

ワーク・ライフ・バランス（仕事と生活の調和）問題に、その氷河の流れを見る。企業が取り上げ始めてはいるものの、おおかた女性が抱える「仕事と家庭の両立」問題としての認識にとどまる。これでは、妻を「家内」と呼ぶ古い価値観そのままだ。

若い世代の価値観は、仕事と生活の調和を家族全員の課題として捉えている。家の外での仕事も、家事も、有給無給の違いはあってもどちらも立派な仕事だ。仕事と生活の調和は、性別や共働きか否かは無関係。夫婦はもちろん、親子そろってかなえたい課題だろう。

失礼は覚悟のうえだが、団塊の世代、特に男性には、違和感を与える価値観であろう。ワーク・ライフ・バランスは、この価値観の相違が生む世代問題なのだ。

女性が働きやすい職場は、若い世代の男性にも魅力がある。世代問題を女性問題に取り違える企業は、厳しさを増す人材確保競争に負けるのが落ち、と言っても言い過ぎではない。

例えば、はなはだしい不足が社会問題になって久しい保育所。社員用に開設する企業が増えてもいいはずなのに、その傾向が見えない。数年来、ここならと思う会社の経営陣に問い続けているが、答えは異口同音「女性社員がまだ少ないから」。保育所は産後に復帰する女性社員のためと、誤解しているのだ。安心して幼児を預けることができる保育所は、夫婦双方の希望。幼い子を持つ社員なら、男女を問わず、職場の保育所を歓迎するはずだ。

事実、ふた昔ほど前、米国首都ワシントンにある世界銀行本部に保育所を開いた時、過半数の利用者が男性職員なのに驚いた。大幅な需要超過にうれしい悲鳴を上げながら、世代問題と

オフィスの中にある社員向けの託児所。東京都千代田区の新生銀行本店。2005 年 6 月 29 日（写真：読売新聞／アフロ）

しての認識が、まだまだ不十分だったと恥じた。

忘れられない思い出が一つある。組合と共に保育所開設に関わった私のところに、将来を有望視されていた若手管理職が、夫人と乳飲み子を連れて来た。子供ができたら託児施設が整う母国に帰るつもりだったそう。おかげで好きな仕事を続けていけると、礼を言う。あふれる涙を隠せない彼が突然直立不動、まるで叫ぶように言った。「正直、世銀にほれ直しました！」

保育所は、組織が社員と家族を大切にする動かぬ証しなのだと、知った。たった一つの小さな保育所が、優れた人材を維持する大きな組織力を恵んでくれた。

保育所の大成功をきっかけに、世銀はワーク・ライフ・バランス制度の充実に力を入れた。

在宅勤務制や、性別問わずの育児休業制、複数職員が短時間・時差出勤で雇用を共有する制度など、次々に導入。定着を促進すればするほど、組織力への影響が増大した。

ワーク・ライフ・バランスの価値を特に思い知らされたのは、世界中から若手専門職を採用するヤング・プロフェッショナル・プログラムでのこと。幹部候補生採用制度とも呼ばれる狭き門だが、国際金融業界の高給に太刀打ちできず一時期競争力を失った。ところが、ワーク・ライフ・バランス制度採用を公表した翌年、給与体系は変わらないのに競争力がV字回復。制度の充実を筆頭理由に、喉から手が出るほどほしい逸材が、我も我もと入行した。

若い世代の価値観は、未来を映す鏡であろう。世銀の体験は、人の仕事と生活の調和をおろそかにする組織に未来はないと、教えた。

武神、武田信玄の戦術・戦略集「甲陽軍鑑」に、信玄の「勝利の礎」が残る。「人は城、人は石垣、人は堀、情けは味方、仇は敵なり」。ワーク・ライフ・バランスにも通底する勝利の礎だと、信じて疑わない。

（二〇一四年五月一一日）

仕事中毒の処方箋

日本の労働時間は、欧米諸国に比べて異常に長い。その現実を、夜遅く電車で帰宅の途につくサラリーマンの群れに、垣間見る。

長年海外に住む私の目には、異様に映る光景だ。大勢の働き盛りが、皆、明らかに疲れ果てている。居眠りどころか爆睡する人も多く、酔っていてもしらふでもそろって顔色が悪い。病的とさえ言えるこの状態を変えるのは一筋縄ではいかないと、背筋が寒くなる。

実は、私も過剰労働の常習者だった。米プリンストン大学で教えていた頃のこと。薄給の新米助教授で、むろん残業手当などなかった。が、教えることも研究も三度の食事より好きだったから、仕事に没頭した。

学生の授業評価が良かったり、論文の出版数が増えたりすると、さらに拍車がかかった。好きだからと自覚していた行動が、毎日歯を磨く行為とそう違わない習慣になっていった。

そういう生活を続けて数年、仕事をしないと不安を感じるようになった。めったに休暇をとらず、休んでも仕事が気になって楽しめない性格になった。つまり仕事中毒、極端な習慣だ。この状態は、麻薬や、アルコール、ニコチン依存症と、似通うところがある。残業手当廃止などの経済的な誘因では、歯が立たない。

脳科学が、その仕組みを解明し始めている。脳は、まず内的ゴールに従って新しい行為を試し、評価するそうだ。これを幾度も繰り返しながらいい評価を得た行為を編成し、習慣としてかたどる。最後に、できあがった習慣を覚え込む。

この一連の活動には脳の表面や深層の数カ所が関わるが、脳の中心を成す大脳基底核が全過程を支配するらしい。認知や、感情、動機、学習などの機能を担う部分で、習慣が刻み込まれるのもここ。その記憶は、半永久的に残るそうだ。

生涯治らないと考えていいのだろうが、希望はある。私の場合は、二つの大ショックに救われた。

最初のショックは、結婚前に夫から。残業文化が大手を振る世界銀行に入りたての頃だった。「残業は生産性が低い証拠」が口癖の彼に、定時に退社しなければ結婚できないと言い渡された。六時に退社。例外は緊急事態のみ。急ぐ仕事は家に持ち帰ること。有無を言わせぬ結婚条件だった。

約束は約束、必死で守った。遅い会議を常習的に招集する上役に「明日まで待てる議題でしょう」と意見した時は、目を丸くした彼に礼を言われてびっくりした。脳の働きは不思議なもので、結婚条件を守る目的が優位になり、定時退社が苦にならなくなった。

しかし、年間一〇〇日前後の海外出張がノルマの職場。夫の目が光らない出張時は元の木阿弥《もくあみ》で、それが次のショックを招いた。格別ハードな出張を終えた途端、原因不明の高熱で倒れた。医者が次々と首をかしげる中、東洋医学に精通する女医に救われた。診断はストレス性免疫系崩壊。はり治療を準備する彼女が、何気なくつぶやいた。「世銀に多い病気なのよ……」

心臓がコトリと鳴った。調べてみると、過剰労働とストレス系の疾患は、世銀職員にとっての隠れた大問題だった。世銀本部がある米国首都圏の統計を有意に上回っていた。離婚その他の家庭問題を抱える職員も異常に多く、ぞっとした。

専門家に過剰労働削減への助言を求めたら「精神的な組織文化の問題だから諦めろ」と笑われた。それなら自分がロールモデル、裸になるしかないと決めた。「私は仕事中毒」と題したメールを部下全員に送り、医学情報や世銀の関連データを説明して、こう伝えた。「私は仕事中毒で倒れた。夫と交わした定時退社の結婚条件を破ったから、罰が当たった。医者に過剰労働の習慣を変えないと死ぬと宣告された。君たちに同じ思いをさせたくない。命あっての働きがい、家族あっての生きがいだ。自分も仕事中毒かと感じたら、いつでも相談にいらっしゃい！」

行動で示すだけでは心配で、自分でもうんざりするほど繰り返し言葉にした。「結婚条件守ってます！」と、大自慢で退社するボス。出張中も、夜や週末は「結婚条件厳守を助けて！」と、部下を誘って遊ぶボス。喜ぶ職員が増えるのに、時間はかからなかった。

労働時間が減っても業績は落ちず、逆に仕事の質が目に見えて上昇した。驚いた。私の中毒も仰天して脳の奥に逃げ込んだのか、以来すっかりおとなしい。

（二〇一四年六月一五日）

世界銀行のガバナンス

創設に向かって準備が進むアジアインフラ投資銀行（ＡＩＩＢ）が、マスコミをにぎわしている。その関連で、世界銀行のガバナンス（統治）体制があちこちで話題になっているようだ。

中国一国が、資本金（一〇〇〇億ドル）の半額もの出資を公約するＡＩＩＢのこと。加盟しないにかかわらず世界各国が案ずるのは、健全な運営に悪影響を与えかねない大株主の政治介入だろう。設立後、融資資金の調達に発行されるＡＩＩＢの債券が流通する国際金融市場でも、政治介入は大きなリスクになる。

世銀にも同じリスクがある。ＡＩＩＢほどの大株主はいないにしろ、米国だけが理事会決議の拒否権を行使できる出資比率（一五パーセント以上）を持つ。世銀の「憲法」と呼ばれる国際協定上、本部は筆頭株主である国の首都、つまりワシントンにある。総裁の国籍についての決まりはないが、慣例により代々米国市民。米大統領に任命され、理事会の議長も務める。とかく「世銀は米国の言いなりだろう」と取りざたされるのは、一見、理にかなっている。

とはいえ、組織のガバナンスには外からでもよく見える面と、内からでさえ見えにくい面がある。世銀に限られたことではないが、自転車の車輪のように、両方なければいいガバナンスは動かない。

世銀の業務に政治介入を試みるのは、米国に限らない。出資比率に関係なく結構頻繁にある。しかし、防ぐ術も十分にある。

特に重要な役割を担うのが「憲法」で、その冒頭に「世界銀行の資力は、加盟国の開発ないしは復興目的にのみ使うべし」とある。ごく当たり前のことを述べただけに見えるだろうが、その法的解釈が力を持つ。条文が定める目的にかなうか否かを「数値で」立証しなければ、世銀の資力は使えないのだ。世銀職員でもこの解釈を知る者はそう多くなく、「見えにくい」ガバナンスの一例と言えよう。私も、リスク管理担当局長になって初めて、世銀法務の最高責任を持つ法務担当副総裁から教わった。

悪質な政治介入の阻止を念頭に置いた解釈なのは明白で、実際大いに役立った。例えば一九九八年五月、インドが二四年ぶりに核実験を再開し、同月、パキスタンが史上初の核実験で返答した時も、そうだった。印パ両国に経済制裁を科した日米欧諸国が、世銀の融資も停止

中国・北京で行われたアジアインフラ投資銀行の開業式典。2016 年 1 月 16 日（写真：新華社／アフロ）

させようと動いたのだ。言うまでもなく、条文の解釈が盾になった。

それでも、上位株主の国々が一丸となって介入するからには、「憲法」の条文とその解釈のみで防ぎきれる確信はなかった。そういう時、いいガバナンスの後ろ盾として、さらに「見えにくい」威力を発揮するのが、国際金融市場だ。

世銀の融資財源は、日本でも「世銀債」と親しまれている長期債券で、信用格付けは世界最高を誇るＡＡＡ。むろん加盟国の資本金がもたらす信用もその背景にあるが、実は、日米その他主要株主国の格付けを大幅に超えている。創設当時の格付けはたったＢレベルで、ＡＡＡに上りつめるまで四半世紀かかった歴史からしても、健全な運営を持続したたまものである。

格付け業者は、もちろん政治介入のリスクに常時焦点を当てている。ＡＡＡを誇るということは市場の厳しい統制を意味する。事あれば即時、格付けに疑問符がつく前に、市場が動く。印パ制裁に参加すれば、発行済みの世銀債流通市場で価格の下落か暴落が起き、ＡＡＡの信用に傷がつくのは明らかだった。

世銀の財政難は加盟国の財政負担になる。できる限り安く借りたい途上国も、追加資本調達は避けたい先進国も、ＡＡＡを守りたい。高い格付けを追求し守り抜く意志は、全株主を一体化する接着剤。支障ありと納得したら最後、印パ制裁参加への圧力は消えた。

中国が世銀に加盟（一九八〇年）したての頃、貿易政策調査団の一員として全国各県を回ったことがある。唯一鮮明に残る印象は、要人らの鋭い戦略的思考。ＡＩＩＢも、長期外交戦略の小さな駒かと想像している。

しかし要注意。いくら小さい駒でも国際金融機関。国際金融市場の統制は、容赦ない。大株主だからこそ、自ら率先して世銀をしのぐほどのガバナンス体制を成さなければ、国家の信用に必ず響くであろう。名実共に大国となる国なら、この駒の持つ意味は大きい。

（二〇一五年五月三一日）

第五章　人こそ礎

「マンドの奇跡」思う

新学年が始まる頃になると、「マンドの奇跡」に想いを馳せる。

世界銀行での二三年間、多種多様な職務に就いたが、なぜかどこに異動してもパキスタンがつきまとった。非人間的な貧困生活を初めて知り、想像を絶する貧富の差に強烈なショックを受けた国だ。民主主義を隠れみのに腐敗しきった為政者は、私腹を肥やすこと以外は無関心。それを嘆くことさえ諦めた国民感情に、Failed State（破滅国家）となりうるリスクを察知した。貧困解消への糸口など見えず、パキスタンの未来に絶望感を抱き始めた頃、「マンドの奇跡」を知った。

パキスタンで最も貧しい地域は、南西の片隅にあるバルチスタン。そのまた片隅のマンド村に、小学校から高校までの一貫校、マンド女学院がある。女学院の偉業に感動した人々が、誰からともなく「マンドの奇跡」と呼びはじめ、定着した。

北にアフガニスタン、西にイラン、南にアラビア海を控えるマンド一帯は、半砂漠地帯。崩れ落ちた粘板岩のゆるやかな起伏が、灰色の砂丘と重なりながら、見渡す限り延々と続く。人間が住むには適さないと見えるこの地に、ローマ帝国の迫害を逃れて来た民族が住みついた。集落は、先祖伝来の地下水脈を外敵から守るように形成され、その中央にヤシの緑に囲まれたマンド女学院の白壁が光る。

世隠れの歴史にイスラムの慣習が重なって、マンドの女衆は近年まで生涯外出を禁じられていた。女子教育などもってのほかだった村の女学院は、長老ジャラル氏と家族一同の尽力のたまものである。創立一九八一年。クウェート留学を終えた娘たちを教師とし、家財を投じて塾を開いたのが始まりだった。「良母は千の教師に勝る」と、村の男衆を説得したそうだ。

一九九六年、私が初めて訪れた時には、学齢期の女子全員が通学する一貫校に発展していた。ヨーロッパ諸国の援助を受け、奨学金制度も整い、大学に進学する卒業生も増えていた。なかには、無医村に戻る夢を追って医大で学ぶ卒業生もいた。詳しくは拙著『国をつくるという仕事』にあるが、優れた教育内容を目の当たりにして、まさに「奇跡」と感動した。

しかし、卒業生の家々を訪ねながら草の根を歩き回って、恥を知った。「マンドの奇跡」は、教室の外に起きたことを指していた。全国各地で見慣れていた目を覆いたくなるような赤貧が、村のどこにも見あたらなかったのだ。

ジャラル氏が、赤面する私を笑いながら、南アジア諸国のことわざをそらんじてくれた。

「一人の男子に授ける教育は、一人の人間を教育する。一人の女子に授ける教育は、未来の世代をも教育する」

氏が女学院を創立した動機が、村内の経済格差だった。農耕に適さないマンドの資産家は、隣国イランやアフガニスタンに農園を構え、村人の多くを小作人に雇っていた。金持ちの息子たちはパキスタンの最大都市カラチや海外に留学し、女衆はもとより、貧しい村人のほとんどが、代々非識字のまま取り残された。何世紀にも渡って貧富の差が拡大し続けるマンド村にも、他の僻《へき》地と同様に、イスラム過激派が忍び寄って来た。捨てるものは命しかない貧民の鬱憤につけ込み、彼らを捨て身の神兵に徴募するためだ。

村の未来に危機感を抱いたジャラル氏は、経済格差の根を絶つ術を、教育格差の解消に見た。「教育は人生の選択域を広げ、未来への展望を開き、自助自立の貧困脱出を可能にする。まず良母からと女学院を始め、時間がかかると覚悟していたが、計算違いだった」と、氏が笑った。

効果は世代交代を待たずに表れた。勉学に励む娘たちは、兄弟の学習意欲を挑発するどころか、非識字を恥じる父や母にも読み書きを教えた。村の識字率はあっという間に上昇し、衛生

マンド女学院を訪問した著者

状態や栄養不良の改善を伴い、労働生産性の向上に直結した。小売業や、農耕機具の修理・整備業など、自営サービス業を起業する村人も現れた。氏は「良母と娘は、千どころか、万の教師に勝る」と、高々と笑った。

以来マンドに足しげく通い、村の目覚ましい発展に多くを学んだ。最後の訪問の時、ジャラル家の人々と夜を徹して語り合った。東の空がほのぼのと白みかける頃、まるで国家の暗闇にも終止符を打つかのように、ジャラル氏が言った。「こんな国でも、金さえあれば、子供に良い教育を与えることができる。しかし、大枚を積んで買う教育を、良い教育だとは考えない。教育は国家社会のもの。個人のみのものではないからだ……」

悲しいことに、日本も、金がなければ良い教育を望めない国になり下がってしまったように見える。悪化し続ける経済格差に教育格差が重なって、人生の選択域を狭められた二世代めが育ちつつある。

教育格差を正す時は今だ。五〇年先の国の姿は、今日の子供たちに宿るのだから。

（二〇一二年四月一日）

人道外れる死刑制度

There, but for the grace of God, go I.「神の恩寵《おんちょう》がなければ、そこを行くのはこの自分だ」と訳すのだろう。死刑判決のニュースがあると心をよぎる言葉で、人の痛みにわが身を重ねろと叱られるように思う。

一六世紀中ごろイギリス国教会の聖職にあった、ジョン・ブラッドフォードの言葉だと伝わる。思いやり深い彼の人柄を慕い、教えに従う民が多く、カトリック信者だった女王メアリー一世のプロテスタント迫害を受けた。ロンドン塔に投獄されたブラッドフォードが、処刑場に引かれて行く死刑囚の姿を見てつぶやいた言葉だともいわれる。その彼も、火刑に処された。

今日、欧州人権条約の批准国である英国に、死刑はない。窃盗罪にさえ死刑を適用した歴史を持つ国のこと、死刑廃止思想の歴史も長く、一四世紀ごろまでさかのぼるらしい。紆余曲折の歴史の末、死刑廃止に拍車をかけたのは、エバンズ事件。英国では広く知られる冤罪《えんざい》事件だった。妻と娘を殺害した罪に問われ、無罪を主張したエバンズが死刑に処された（一九五〇年）。数年後、検察側の証人が真犯人と判明。エバンズは死後、復権されたが、命のやり直しはできない。彼が学習障害を持ち、非識字だったこともあって、国民は大きなショックを受けた。

この話になると、英国人である私の夫は、苦渋な表情のまま黙り込むのが普通だが、ブータンの先代国王、雷龍王四世に賜わった謁見では違った。陛下が「仏教を国教とするわが国に、殺生禁断の戒を破る刑は矛盾そのもの」と、死刑廃止勅令（二〇〇四年）の理由を話され、英国について好意的に言及された時、夫が言った。「宗教が何であれ、死刑は人の道を外れる。母国が廃止したことはうれしいが、そこに至った動機が疎ましい。人が人を裁くことが完璧ではないからだとは、文明国の沙汰ではない。母国の品格のなさを、心底恥じている……」

私たち夫婦が第二の故郷として選んだ英領バージン諸島にも、死刑はない。英国海外領土とはいえ、外交と国防以外は独立国同様の自治権を持つ。民意次第では英国と別の道を選べたが、島民の賛意は固かった。拙著『あなたの中のリーダーへ』に詳しく書いたが、その背景には奴隷制度の過酷な歴史がある。

一八一一年、バージン諸島植民地政府の要職にあった大農園主、ホッジ郷士が、絞首刑に処された。一人の奴隷をなぶり殺しにした罪での死罪判決だった。英国奴隷制度廃止法の成立より二二年前。革命的なことだった。大英帝国カリブ海域総督が、自ら軍艦を率いて来島し、戒厳令をしいての執行だった。

当時の世相と主流思考は、記録に残るホッジ被告の無罪申し立てに表れている。「所有物なる奴隷を所有者が殺すことは、法律上、犬を殺すことより重い罪ではない」

この絞首刑を語る時、島の長老たちは、口癖のように言う。「奴隷時代には価値などなかった我ら黒人の命が、ホッジの時以来、白人と同じ値打ちになった」

そして、若者たちを相手に語る時には、「間違えるな」と必ず諭す。「死刑は正気の沙汰ではない。人を殺すことが罪だからこそ、その罪の償いとはいえ、同じく人の命を奪うことは許されない。肌の色が何であれ、たとえホッジであろうとも、命は差別なく尊いのだ……」

奴隷時代は、たった三、四世代前。高祖父母、曾祖父母らの痛みに、真摯にわが身を重ねてこそ言えることだろう。

ニュースに死刑判決を見ると、長老を見習えと自分に言い聞かせる。被害者と家族や、犯罪人と家族の苦悩は、想像さえできない。しかし、死刑執行の命令を下す責務を負う法務大臣と、執行に関わる刑務官らに身を重ねる時、自分にできないことを人にさせるわけにはいかないという思いが、胸を突き上げる。

同胞の大半が死刑を支持すると聞くが、私は信じない。誠意を込めて人の痛みにわが身を重ねていないだけだと、思えてならないのだ。個人の見解はどうあれ、死刑を合法とする国の民は、人道を外れた罪人を、同じく人道を外れてあやめるという、連帯責任を負う。人ごとではない。

近年、死刑を廃止する国が増え続けている。今は、全世界の三分の二以上にあたる一四一カ国が、法的ないしは実践的に廃止に至った。おのおの、国と民族の歴史や文化の壁を、超越してのことだろう。

日本にもさまざまな壁があろう。しかし、わが国には、世界にまれな史実がある。弘仁九(八一八)年、嵯峨天皇が死刑を廃止し、廃止令は、その後約三世紀半もの間、存続した。このような歴史を誇る国のこと、いつの日か必ず廃止に行き着くと、確信する。

その時、夫のように母国の品格を疑いたくないと、心底願う。バージン諸島の長老のように「命は差別なく尊いのだ」と、子孫に伝え続ける民の国であってほしい……。

(二〇一二年六月一〇日)

少子高齢化社会

人口減少が問題だと捉えられているようだ。減ってなぜ悪いのだろうと、長年気になっている。特に「経済小国になるから困る」と言う人が多いのには驚く。

日本より国民平均所得が高い国は二十数カ国あるが、そのうち人口がわが国を上回るのは米国のみ。資本と生産性が伸び、生活水準が下がらない限り、困る理由などあるのだろうか。

社会保障負担を案じる若い世代からは「高齢化で生産性が上がるはずがない」という意見をよく聞く。いつも「高齢者をばかにしないで！」と、笑ってしまう。

企業のトップには、人口が減ると生産人口も減ると単純に思い込む方が多く、頻繁に相談を受ける。今ある生産人口の大半を無駄にしながら何を言うとあきれるが「女性をお忘れなく！」と笑って、我慢している。

長期にわたる難題を考える時、目先のことから考え出すと型にとらわれやすくなり、間違いを起こすことが多い。逆に問題を克服した未来を想像して、その実現への課題を考えると、見落としがちなことが自然に近寄ってくる。ビジョニング（visioning）と呼ばれる思考法だが、その要は未来を自由に描くこと。

長寿国日本の未来像については、その多様な側面を拙著や新聞雑誌などで紹介してきた。が、悲観的な見解が増え続ける今、ここで要約しておきたい。

私が「高齢者をばかにしないで」と笑う理由は、日本が将来、高齢者を知識人財として誇る国に変貌していると想像するからだ。

グローバル化と情報技術の飛躍で、企業の生存競争がより厳しい未来だろう。一次産業を筆頭に、知識産業へ脱皮しない企業は敗者になる。高齢者は、その知識産業に欠かせない経験と英知をもたらす。長生きするほど働きがいと生きがいを得る人々に、転職や引退を選ぶ自由はあっても、老後や定年は死語同然となるだろう。むろん、この未来像での生産人口は、減る人口に比例しない。

医学はもとより、栄養学など健康科学の恩恵を誰もが公平に受け得る制度と、それを可能にする健全な財政があっての未来像だ。

人材確保の競争もより厳しい未来であろう。だからこそ資本集約的な生産性の成長が必須と

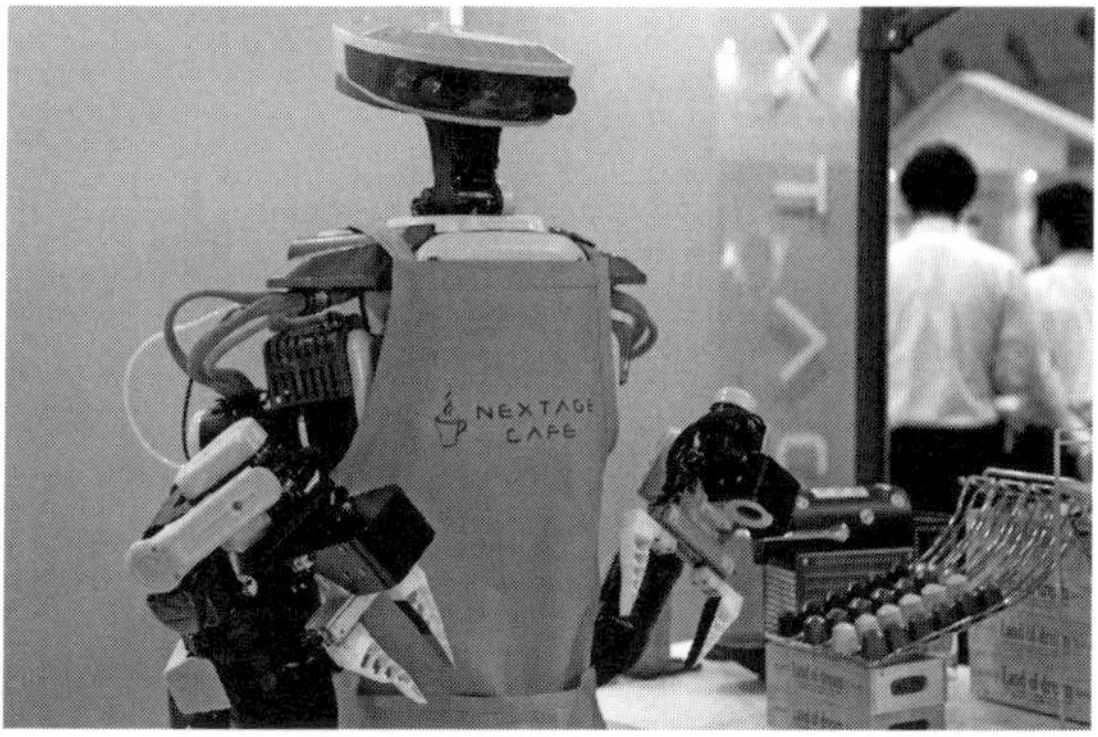

コーヒーを淹れるロボット。2014年10月16日、ロボット関連技術専門展 Japan Robot Week 2014（写真：アフロ）

なり、わが国が誇るロボット技術などが大活躍するだろう。

特に、女性が生産人口の過半数を占め、労働市場の要となっているだろう。長年彼女たちを泣かした雇用格差など見あたらない。各界指導者層も、男女半々が常識になっているだろう。

その上、女性のリーダーシップのおかげで、人事思考が大きく変わるだろう。家でも職場でも同じ人間。どちらかが不幸ならもう一方に響くから、人事の対象は従業員プラスその家族。脳医学がすでに実証済みだが、幸せ感は生産性を上げ、経営陣も従業員も、幸せを相互共有の利として追求する未来だ。特に子育ては、働く人生の選択肢のひとつとして男女同様に定着。ライフサイクルを考慮する選択が労働市場では効率の高い人材流動となり、生産性をさらに高めるだろう。

物質的に恵まれた国民が精神的な満足を追求するからだが、経済史の逆流現象さえ見える。例えば、情報技術のおかげで、家庭が仕事場だった昔に戻る。人の絆が支えられる生活を求めて都会を離れる人口も増加し、地方経済が再生する。核家族化も減速を始め、世代間に伝わる知恵が子育てのストレスを消す。

つまり、安心して子を産み育てる環境が、包括的に整い始める未来だろう。人口減少率の失速さえ夢ではない。日本が経済小国になるという懸念など、どこ吹く風の未来でもあろう。

数年前、某政治家に「人口でも経済でも、大きくなければ世界が相手にしない」と言われ、思わず苦笑したことがある。複雑な国際関係の力学のこと、むろん国の大小も関わる。が、私の経験は、リーダーの人徳と先見の明にこそ図体《ずうたい》の大小を凌《しの》ぐ偉力が在るという現実を、常に見せてくれた。

未来像が諭す。経済の成長は幸せ追求への重要手段であって、目的ではない。人口減少を機に国民の精神的なニーズを見極めよと。

お気づきの読者もいるだろう。紹介した未来像への推移は、すでにあちこちで雪解け水のように流れ出している。その流れを速やかに大きくする政策はいかにと問うのが、国をつかさどる人の正しい姿であろう。

（二〇一三年六月三〇日）

道開いた「アリの一穴」

長寿国日本の未来像について、前回いささか私見を述べた。以来大勢の読者から感想をいただき、驚いている。特に高齢の方や女性読者からの「わが意を得たり」に励まされた。ありがたい。

もちろん盛年の男性読者からもお便りが多く、学習の糧にさせていただいた。そのなかに、一通の「異議あり！」があった。

生産人口の過半数を占めるにもかかわらず、夢や希望を否定され続けてきた女性たちが、未来像で大活躍を展開する。そのくだりに「女性のリーダーシップのおかげで、人事思考が大きく変わるだろう」と書いたのが、いけなかった。「同様の問題意識を持って、独自の対応をしている男性軍もいますよ！」と笑われ、赤面のいたり。

批評は、吉良州司氏（前副外相）から。私ごと、臼杵市に本籍があることから、大分県出身の氏とは同郷のよしみ。一〇年前に大分県知事選へ出馬するまで、日商岩井（当時）の商社マンだったことは、知っていた。しかし、彼が、女性に閉鎖的な会社の門をこじ開けた張本人だとは、つゆ知らず。自慢話を嫌う吉良氏に、苦労話をねだった。

彼の活動は一九八〇年までさかのぼる。入社直後人事部に配置され、新社員採用の実務を担ったのが、きっかけだった。国連総会が女子差別撤廃条約を採択した翌年で、日本が批准する五年前のこと。この条約が男女雇用機会均等法制定の糸口となり、幾度もの改定を経て、採用から退職までのさまざまな差別がようやく禁止されたのが、九九年。ふた昔前の先取りだったのかと、正直驚いた。

当時の日商岩井は、女性の学歴を短大卒、職種を事務職に限っていた。にもかかわらず門をたたく四年制大学女子学生があまりにも多い現実に直面し、彼女らの優秀さと情熱に触れるにつけ、何とかせねばといたたまれなくなったそうだ。

優れた人材を無駄にするなと、上司に食い下がった。が、人事担当副社長を筆頭に、全員「商社の世界は男にしか務まらない。女は数年で結婚、退職。男の補佐でいい」と、頑として譲らない。氏は「実験でいい。短大待遇でいい。事務職でもいい。とにかく採用させてくれ」と、交渉。彼らが受け入れるギリギリの妥協線で「アリの一穴」を講じるしかなかったそうだ。

日商岩井で総合職候補だった女性たちが国会を訪問（提供：吉良州司氏）

一方、女子学生たちには、「短大待遇、事務職で我慢してくれ。しかし君たちの優秀さが認められたら、後輩に大卒・総合職採用への門が開かれる」と頭を下げた。喜び勇んで入社した新人一三人の配属には、理解ある長が率いる部課を選び、協力を頼んだ。

「アリの穴から堤も崩れる」とはいえ、長い年月がかかる。氏は、毎年経営陣が頭を抱えていた採用人数決定問題に注目した。問題は、景気次第で大幅に増減する総合職の採用人数に終身雇用が災いして起きる、いびつな年齢構成。好景気時に入社した社員が中堅として活躍する頃不景気になり、処遇に困る状態が、長年繰り返されていたのだ。

氏は、そこに、大卒・総合職採用への門を女性に開放する戦略を見いだした。終身雇用が欠く柔軟性を、退職率が高い女性（当時は二〇代半ばで約半数が退職）で補えば、年齢構成のひずみを修正できる。

物理・数学の定常理論と統計を駆使し、会社の成長率が定常状態にある時、経営目的を吟味した上で必要となる総合職の定常採用人数を計算。その枠内に男性採用人数を抑え、女性の採用で景気・人材需要の波に応える。論理にかなった具体策に、経営陣が飛びついた。女性総合職をクッションとして捉える論理構成は、女性に失礼だと言えよう。しかし当時の男尊女卑の壁は、とてつもなく頑強だった。「経営陣の問題意識を利用して突破する以外、聞く耳を持ってもらえなかった」と、氏は苦笑する。もちろん新人女性軍の抜きんでた活躍があってのことだが、「アリの一穴」戦略は大成功。数年後、大卒・総合職採用への門が、堂々と女性に開放された。

吉良氏は振り返る。「世直しに新しい道を切り開く時、冷徹に現実を直視し、その中で変革の事実をひとつひとつ積み上げながら、理想に向かうしかない」

その言葉に、ガンジーの格言が重なった。「君みずからが、世に望む変化になれ……」。男女を問わずかくあれと、心魂に響いた。

（二〇一三年九月八日）

多忙すぎる日本の教師

教育制度の在り方が盛んに議論されているようだ。国づくりは人づくり。うれしいことだが、さまざまな意見や改革案を聞くたび、教壇に立つ人の視点から考えてほしいと、切に願う。帰国中、全国各地の大学や小中高等学校の招待に応ずることが多い。そのつど教師が事務や雑務に費やす膨大な時間にあぜんとし、危機感を抱く。

私自身の経験は、プリンストン大学で経済学を教えた数年のみ。日本の教育問題に関しては素人同然だ。しかし、その体験から、教えるために十分な準備時間をとることは、教育の品質向上に不可欠だと知った。

一足す一は二と言いきれる学問分野は少なく、経済学でもほとんどの問題に正解はない。だからか、深い学びは、時事問題を教材にして学生と議論を交わす時に訪れた。問題の本質を見極め、多様な観点から掘り下げ、解決策を見いだしていく。学生の意見を深く聴き、時には挑

話に聴き入る神奈川県立荏田高校の生徒たち（提供：嘉登隆氏）

発しつつ、私も一緒に考える授業だ。

そういう対話型授業を体験した学生は、知識欲が旺盛になる。経済理論や統計学を学ぶ動機が高まり、経済思想史や、思想を変えた背景まで知りたがる。二時間の授業の準備に丸一日費やすのは、普通だった。

プリンストン大学は、いい授業はいい研究を生むという主義を貫いていたように思う。教師に研究者プラス教育者としての努力を求め、特に期末に実施される学生の授業評価は、教員査定に相当の影響を与えた。例えば、将来ノーベル賞候補かと有望視されていた友人は、不熱心な授業をとことん嫌われ、当大学での未来はないと言い渡された。

しかし、教育者としての努力を惜しまぬ者に

生徒から贈られた色紙を手に、うれしそうな笑顔の嘉登先生と（提供：嘉登隆氏）

は、最高の環境を与えてくれた。研究時間はもとより、教えるための種々準備時間を十分に確保できた。授業量は、毎学期一～二課目、週に二～四時間のみ。秘書のおかげで、事務などにとられる時間はないも同然だった。

日本の先生方は、まるで口をそろえたように「事務や雑務のノルマをこなし、授業の準備時間を十分確保するとなると、一日二四時間では足りない」と嘆く。それでも学習品質の向上に情熱を注ぐ多くの教師に出会っては、頭を下げている。

この秋ゲスト講師に招かれた神奈川県立荏《え》田《だ》高等学校でも、深い感動を覚えた。国語科の嘉登隆先生が、拙著『国をつくるという仕事』を選択科目「現代文の探求」の教材に選んでくれたのだ。科目の目的は「生徒を優れた日本語の担い手に育てるとともに、将来、社会の一員として自ら考え、行動できる市民にすること」。教材の読解演習のみではなく、それを起点に社会とつながり、「人に学ぶ」機会を与えたいと、生徒と著者の対話型授業が計画されていた。

その日まで生徒がたどる学習の道は、先生が写真付きのメールで頻繁に報告してくれた。そこには、三クラス約七〇人の生徒が本から学び、お互いからさらに学び合う、「読書駅伝」という仕組みが描かれていた。

順番に読まれた本は、著者の「人間性」と出会ったページに付箋が貼られ、感想文も添えられて、生徒から生徒へと渡りながら新たな出会いを生んでいく。そうして皆が共有できるエピソードを選び、著者や登場人物の心情とその背景について話し合い、読みを深める。「言葉を通して人間の生き方を考える文学教育」だと、先生に教わった。

生徒たちは、この過程から得た学びを記述問題として表現。できあがった問題を自分たちで解きながら、さらに読みを深めていく。嘉登先生は、「受験テクニックを超えた学習に、生徒は素直な知的好奇心を示しています」と、しごくうれしそうだった。

待ちに待った対話の日。澄んだ目に光る星と、深く聴く姿勢、まっすぐな問答、どっしりとした存在感に、君たちは本当に高校生かと驚き、ならば母国の未来は大丈夫と、感じ入った。

授業の後、嘉登先生が「この若者たちは、将来きっと、自分をそして社会の他のメンバーを引っ張っていくリーダーシップを発揮してくれる」と言われた。それほどまでの成果を生んだご苦労を思い、涙が出た。

「先生がスーパーティーチャーに選ばれたんだよ!」と、胸を張る生徒たち。喜びを共にしながら、そっと祈った。この表彰が、先生の負担をこれ以上増やさないようにと……。

（二〇一三年一二月二二日）

「人をつくる」管理職

官民双方の大組織で働く若い男女から、同じ悩みの相談を受けることが、最近急に多くなってきている。「管理職に興味がないのは変ですか?」

悩みの種は、若い世代が抱く管理職のイメージにあるようだ。描写は人それぞれだが、いわゆる権力志向型の人間像。自分のキャリアが中心で、人を大切にしない上司が多いらしい。そういうロールモデルばかりなら無理もない。素晴らしい悩みだと笑っては、経営の神様松下幸之助氏の言葉を引用している。「松下電器は人をつくるところです。併せて電気器具もつくっています」

管理職は、松下氏が言われた「人をつくる」仕事。部下の可能性を最大限に引き伸ばすのが最高使命であり、その醍醐味《だいごみ》でもあろう。「つまり子育てと通じるところ大あり。上司を反面教師と思えばいい」と助言する。と、悩んでいた目が、必ずキラキラ光り出す。

松下電器（現パナソニック）で働く社員らに話をする松下幸之助氏（左）（写真：Bill Ray/The LIFE Picture Collection/Getty Images）

その「人をつくる」仕事のツールとして、世界銀行時代に役立ったのが、勤務評定。労働時間などのインプットや、売上高のようなアウトプットを基にする評価ではない。Outcome つまり、仕事の「成果」を評価する勤務評定だ。

ふた昔前の世銀は、融資総額などのアウトプットを功績としていた。同じ思考は職員の勤務評定にも反映され、担当プロジェクトの数や融資額などが、報酬と人事を大きく左右した。

欧米の教育機関や少数の優良企業では、成果を組織全体の功績として評価し、そこで働く人々の勤務評定も成果を基本とする改革がすでに始まっていた。世銀でも改革への兆しはあったが、無視同然の状態だった。

それを一変したのは、金融企業出身の総裁

だった。就任後間もなくブラジルとインドの貧民街を視察し、感想を取締役会に報告した時のこと。開口一番こう言った。「この旅で、世銀融資の成果は、発展途上国の子供たちの笑顔にあると学んだ。プロジェクト件数や融資総額などのアウトプットは、むろん無視できない。しかし、次世代の笑顔なしには、世銀の未来さえ危うくなりかねない」

それまで「ソフトな成果思考」を侮っていた取締役会の空気が、まるで頬を殴る突風のように動いたのを覚えている。世銀の融資は長い。今日の融資を返済し終えるのは、社会人となった子供たちなのだ。「笑顔」の成果が、取締役会全員の腑にストンと落ちた。

総裁は続けた。「笑顔の成果を追う仕事は、同じ笑顔の職員にしかできない」。途上国の国づくりは、人づくり。その国づくりを支援する世銀の組織づくりも、人づくり。「笑顔」の成果を追求するなら、人を大切に育てる組織でなければならないと、また腑に落ちた。

停滞していた評価制度改革が動きだしたのは言うまでもない。

組織の人づくりに本気になると、成果を吟味する勤務評定が要になる。最初は成果の定義など「制度」にこだわり過ぎた。が、紆余曲折の末、大切なのは職員と上司の対話だと学んだ。

年に一度の勤務評定だからこそ、人づくりに欠かせない貴重な対話の時間だ。心ゆくまで話すために時間を制限せず、部下一人につき半日のスケジュールを組んだが、それでも足りない時もままあった。

　私にできる人づくりは、自己研鑽《けんさん》への動機づくりくらいしかない。だから、部下が抱く夢を聴くことから始めた。仕事と無関係の夢でも、いつか叶えたい夢をと、誘った。その夢を一〇年先の自分自身のビジョンにつなげてもらう。そして、そのビジョンに行き着くまでの道を開く成果を、一緒に考える。その上で過去一年を振り返り、足りない成果を話し合う。研修や実務訓練など改善に必要な計画を練って、最後に翌年までに成し遂げたい具体的な成果に合意する。

　現実とつながる夢は不思議な力を持つと知った。例えば「夢はジャズ演奏家」と苦笑した部下。長年胸に秘めていたその夢を真に受けた対話は、二日間続いた。結論は「今、この夢に挑まなければ、死ぬ時に後悔する。仕事に身が入らない訳がやっと分かった」。惜しい人材だったが、去る者は追わず。新しい門出を心から祝って送り出した。

　その人のCDを聞くたびに、あれでよかったと心底思い、「管理職などごめんこうむる！」と公言していた昔の自分を笑う。


（二〇一四年七月二〇日）

無意識の怖さ

政治が貧困問題に焦点を当てるようになった。大変いいことだ。が、しばしば視点が「人ごと」と感じるのは、私だけだろうか。

数年前、某政治家に、日本に貧困などあるのかと聞かれ、仰天したことがある。「途上国のように一日一ドル二五セント以下で暮らす人はいないでしょう」と。世界銀行が策定する絶対貧困層のことで、最低限の生活必需品を買えない所得層と考えられている。

自動販売機に残る釣り銭を探し回るホームレスの人を見たことはないのかと、反問した。「そう言えば……目にしたのに見ていなかった」と恥じる彼のつぶやきに、ブータン国王、雷龍王五世の言葉が重なった。「貧困は目に見えない」

当時は皇太子だった国王に、貧困解消を使命とする世銀で働く自分にも見えない頃があったと、白状。話し込んだのを覚えている。

世銀の現場である途上国のスラム街や寒村を幾度も視察し、貧しさを知ったつもりでいた。が、危険から身を守る動物本能が働くのか、人間の脳は痛いことや嫌なことを避けるようにできているらしい。パキスタンの貧村で優秀な支援活動をしていた現地NPOの会長に「無知同然」と笑われ、一念発起。彼に頼み込んで、カシミールの貧村にしばらく滞在した。（参照：拙著『国をつくるという仕事』）

海の男の口癖「板子一枚下は地獄」に通ずる体験だった。とはいえ、船乗りは航路を変える術を持ち、漁師なら大漁旗を掲げて母港に戻る夢がある。貧村で世話になったアマ（お母さん）には、飢えにおびえながらも痩せ地にしがみつく以外に術がない。険しいヒマラヤの獣道を往復二時間、日に三回、水くみに費やす生活。夢はおろか、自分のための時間さえ贅沢だった。死ぬまで同じことを繰り返すであろう日々を、アマは「人間が営む生活ではない。獣のようにただ体を生かしているだけ」と言った。板子一枚下どころか、薄氷の下に死に神がいた。

より恐ろしかったのは、それまで貧民を見下していた自分を見たことだった。「博士号は役立たず」と朗らかに笑っては逆境を生き抜くさまざまな英知を伝授してくれた、非識字のアマ。私を娘と愛おしんでくれる彼女の真心に触れた瞬間、号泣。自分という服が表にひっくり返って、両眼が開いたような気がした。うまく言葉にならないが、あの感触は今も体に残っている。

無意識な偏見だったとはいえ、無意識だからこそ怖い。天の采配ひとつで、自分がアマだったかもしれないという観点が、目線になった。以来、自分の目で現場を見極めずに経済政策を考えることをやめた。

絶対貧困層でさえ「見えない」のなら、国際比較によく使われる相対的貧困層はなおさらのこと。国民の等価可処分所得（税金などを除いた可処分所得を、世帯人数で調整した所得）の中央値の、そのまた半分以下の所得層を指す。

昨年の「国民生活基礎調査」によると、年間約一二二万円未満で暮らす世帯が日本の相対的貧困層。四半世紀ほど増え続けており、その割合は国民の一六パーセントを超え、先進国のなかでは最悪に近い。六人に一人もの同胞が、毎月約一〇万円に満たない金額で暮らす生活苦にある。もしも、その一人が他の五人の目に「見えない」のなら、広がり続ける格差社会を逆転させるべき政策が、問題の本質を見落としていないか、心配になる。

雷龍王五世は、七年前の戴冠式で、国民に向けてこう言い切った。「王としてあなたたちを支配するつもりは毛頭ない。あなたたちを親として守り、兄として慈しみ、そしてあなたたちに息子として仕える」と。その背景には、皇太子時代から全国各地の草の根で会った、国民一人ひとりの顔がある。

ブータン国王雷龍王五世、僻地行幸の姿（提供：ブータン王室）

標高数百メートルから数千メートルまで道なき道を歩く国王の旅は、集落ごと一軒ずつ訪ね回り、時には食事を共にし、宿を借り、胸襟を開いて語り合う旅。そうして会った民は、すでに人口約七五万人の三割を超えたと聞く。

現場に根付くガバナンスは貧困解消にも欠かせないと、国王は政府の次世代リーダーらと旅を共にするのを重んじる。すでにその効果は、二一世紀のニーズに添う農地改革や、公正かつ質の高い教育への改革などに、表れ始めている。

わが国の小選挙区は、ブータンより小さい。

（二〇一五年三月二二日）

日本で広がる格差

高等学校で話をする機会が年々増え、生徒のイニシアチブで招かれることも結構あり、うれしい。世界銀行での体験を書いた拙著や記事などが教材に使われるようになったからだ。読者を社会人と想定したものばかりなので、日本の教育程度の高さに感心している。

いい教育を授けてくれた母国へのお礼のつもりで全国各地どこにでも喜んで出向いているが、お礼どころか逆に生徒から宝物のような時間をもらうのが常。真剣な目。深く聴き入る姿勢。問題の核心をつく質問。真っ正直な返答。タジタジとなりながらも、近い将来、国づくりを担うのはこの子たちなのだと感動して、背筋が伸びる。

そして必ず「ここにいない子」を思う。初めの頃は、途上国の貧しい子供に思いをはせていた。親から子へ、そのまた子へと、何世代も続く貧困という名の足かせを引きずるがゆえに、いい教育を受ける機会を逃した子たちだ。

腐った政治がはびこる国や、宗教、人種、カースト差別などが極貧の背景にある所では、行きたい学校に行けない少年少女の目を見るのが恐ろしかった。夢や希望の光を宿すべきところに、積もり積もった鬱憤の火種がおこっていた。

やりばがない若者の怒りは怖い。命の他に捨てるものがない貧しい若者の怒りは、なおさら怖い。前回ホームステイの体験に触れたパキスタンの寒村では、多くの若者がテロ活動にはしった。兄弟と慈しんだ青年たちも、もうこの世にいない。

貧困の世代連鎖を断ち切る術であるはずの教育が、往々にしてその役割を果たさなくなっているのは、途上国に限らない。特に、先進国の中で最悪の貧困率を抱える米国に、この傾向が目立つ。

英国の経済誌エコノミスト（一月二四、三〇日号）が、「America's new aristocracy（アメリカの新貴族階級）」と題した論説で、エリート層の世襲化とも言える現実を痛烈に批判していた。成功は生まれではなく能力と努力しだいというアメリカンドリームが、神話になりつつあると。

エリート層の子供が、その他大勢の子たちよりも、「親の社会的地位を相続するに値する実力」を持つようになったのだ。親は自分の価値観を子に奨励するから、親の学歴が財力と共に子の学力向上に影響を与える。この傾向は、米国では相当昔から知られていた。それを緩和するはずの教育制度が、逆に強めるようになってしまった。

九割以上の子が公立学校に通う国だが、その財源は各地域の固定資産税。いい学校はエリート層が住む地域に集中している。その上、大学の資金獲得競争が厳しさを増し、高額所得者と卒業生の子の入学があからさまに優先されるようになった。「純粋に成績だけで入学審査をする大学はカリフォルニア工科大学くらい」というから驚く。

高校に呼ばれるようになって数年。今は、「ここにいない子」のイメージが、日本の貧しい子供に変わっている。

二〇一四年公表の「国民生活基礎調査」によると、子供の貧困率が過去最悪となった。一七歳以下の子供の六人に一人（一六・三パーセント）が相対的貧困の状態で暮らしているのだ。

最近の研究では、日本も米国と同様、子供の学力が社会経済的な家庭状況に比例する傾向にあると、指摘されている。このままでは、「六人に一人」の子供が天性の能力を伸ばし、自分の可能性を思う存分発揮する未来を築く見込みは、他の五人より低くなろう。

多大な才能が無駄になれば、経済成長に歯止めがかかるのは言うまでもない。経済と社会の格差をせばめる政策そのものが、息の長い成長につながる。先進国でも途上国でも、そのために欠かせないのが、公平かつ質の高い教育である。

高校生に話をする著者。神奈川県立荏田高校にて。2013 年 11 月 22 日（提供：嘉登隆氏）

エコノミストの論説は、とりわけて政治への影響に警報を鳴らす。次の米大統領選は、元大統領夫人（民主党）と、元大統領の息子（共和党）との世襲争いになる可能性がある。「もしも国民が政治のゲームはいかさまかと疑うようになれば、右翼か左翼の扇動政治家に投票する気になるかもしれない」と。

わが国の投票率が低迷するなか、若年層の投票率が異常に低い。不気味だ。

（二〇一五年四月二六日）

幸せな人生をつくるもの

「幸福追求の経営理念」と題したコラム（一四五頁）を書いて以来、よく読者から問われる。エコノミストなのに、なぜ人の幸せにこだわるのかと。

エコノミストだから、こだわる。国も組織も成すのは人間。家庭がそうであるように、不幸な人々が豊かな住み心地のいい社会や、持続性が高く働きがいのある企業などを作ることは、無理だろう。

そう答えながら、いつも内心恥ずかしかった。心理学その他多様な分野の研究によると、幸せの理由は人さまざまだ。国民や、地域の住民、会社員など多くの人に共通して幸せをもたらす普遍的な理由はないというのが、常識らしい。幸福の根拠が個々別々なら、政策や経営には役立たず。エコノミスト失格である。

その常識をくつがえす研究結果が、昨年秋ボストンで開かれたイベント「TEDx」で発表

「人生を幸せにするのは何？」というテーマで講演するロバート・ウォルディンガー博士。TEDxBeaconStreet、2015 年 11 月。https://www.ted.com/talks/robert_waldinger_what_makes_a_good_life_lessons_from_the_longest_study_on_happiness

された。多様な分野のリーダーが「広める価値のあるアイデア」を披露し、刺激し合って、世のため人のためになろうという趣旨の集いである。NHK番組「スーパープレゼンテーション」で、ご存じの読者も多かろう。

　米国ハーバード大学の臨床心理医学教授ロバート・ウォルディンガー博士が、自ら率いる「ハーバード成人発達研究」について発表したのだ。一九三八年から今日まで継続され、史上最も長い研究としても知られる。戦前から戦時中のハーバード大学卒業生二六八人と、当時ボストンのスラム街に住んでいた若者四五六人の心身健康診断に始まった研究で、後に彼らの配偶者と子孫も加え、人生のさまざまな側面を約七五年間詳しく追跡調査してきた。

　博士は、「何がいい人生をつくる？」と題した講話で、答えは「いい人間関係に尽きる」と言い切った。豊富なデータの分析結果は「量より質」。家族や、友人、地域社会の人々などとの「信頼度の高い」関係が、幸せな人生の根拠だと判明したそうだ。その上健康にもよく、特に脳の健全な働きを守ることも分かった。

博士の講話を聞き終えた時、長年自分の脳の中心にかかっていた霧がサッと晴れたような気がした。

振り返ってみると、その霧は大学院時代に始まったと思う。博士論文の研究で、生産性には、資本と労働、技術だけでは説明できない何かがあると、察知した。簡単に言うと、全く同じ技術を持つ労働者が同じ機械を使っても個人の生産性が異なる、と考えるといい。この差を推定したところ、経済成長に相当の影響を与えうるほど大きかった。

働く人の心構えだろうかと、心理学や経営学などを雑学的に読む癖がついたのも、その頃だった。しかし、一介の大学院生に解ける問題ではなかった。

ヒントを得たのは、ブータンの先代国王、雷龍王四世に拝謁し、王の政治哲学「国民総幸福」を拝聴した時だから、もうふた昔前になる。「いつの世も不幸な民が国を滅ぼすと、世界史が教える」とのお言葉に、体に電流が走ったような気がしたのを覚えている。

親から子へ、またその子へと、何世代も極貧から抜け出せない鬱憤が、若者を犯罪やテロにはしらせるパキスタンやアフガニスタン。そういう国の草の根でホームステイをした体験から、国王の思考が腑に落ちた。

国家政治がそうならば、企業組織でも人の幸せは重要だろうと、当時勤めていた世界銀行の組織改革に国王の哲学を応用した。目的は、職員とその家族の幸せ。それを妨げる規則や、慣習、組織の形と文化は、職員が一番良く知る。彼らに問題を発掘してもらい、皆で力を合わせて変える参加型プロセスの改革にした。

目的とプロセスを話し合い、皆が納得したとたんに改革が加速。その上、仕事の量と質に地殻変動のような上昇が起きた。組織改革は生産性を下げるのが常なのにと、経営学者の知人がしきりと首をかしげた。幸せが生産性に与える威力を実感した経験ではあったが、参加型プロセスが必然的に生む「信頼度の高い」人間関係がその根拠だとは、思いもよらなかった。

ウォルディンガー博士のおかげで、日本の未来を見つめる時の問題意識が変わった。スマホとつけっ放しのテレビ。人口の大都市圏集中。口先だけの地方分権。そして、投票率の低迷がほのめかす政治不信……。

それぞれみな、人間関係と、その信頼度に関わる。

（二〇一六年三月一三日）

解説

認定NPO法人フローレンス代表理事　駒崎弘樹

あなたは、本書を手に取った時に、著者の名前を知らなかったかもしれない。
確かに著者は、誰でも名前を知っている人、というわけではないだろう。
しかし、彼女は、世界から最も尊敬さるべき日本人だと、私は思う。

【西水美恵子という人】

世界銀行元副総裁の西水美恵子氏。本書は文字どおりグローバル規模での仕事を行った彼女の、三作目の著作であり、他でもない我々日本人への愛に満ちた檄文である。

最初に彼女自身について触れたい。西水氏は世銀副総裁という超のつくエリートでありながら、いやなればこそ、開発途上国の最貧困地帯に自らホームステイして住民たちの生活を「体感」し、それを部下たちにも徹底して行わせた。

その徹底した現場主義から行われた世銀改革は、世界で最も有名な経営学者の一人であるP・センゲも著作でモデルケースとして取り上げたほど。

それは処女作『国をつくるという仕事』に詳しい。もともとは経済学者であった彼女が、貧困削減を使命とする世界銀行に入社した理由をこう語る。エジプトを訪れたときのことだ。

週末のある日、ふと思いついて、カイロ郊外にある「死人の町」に足を運んだ。邸宅を模す大理石造りの霊廟がずらりと並ぶイスラムの墓地に、行きどころのない人々が住み着いた貧民街だった。

その町の路地で、ひとりの病む幼女に出会った。ナディアという名のその子を、看護に疲れ切った母親から抱きとったとたん、羽毛のような軽さにどきっとした。緊急手配をした医者は間に合わず、ナディアは、私に抱かれたまま、静かに息をひきとった。

ナディアの病気は、下痢からくる脱水症状だった。安全な飲み水の供給と衛生教育さえしっかりしていれば、防げる下痢……。糖分と塩分を溶かすだけの誰でも簡単に作れる飲料水で、応急手当ができる脱水症状……。

誰の神様でもいいから、ぶん殴りたかった。天を仰いで、まわりを見回した途端、ナディアを殺した化け物を見た。きらびやかな都会がそこにある。最先端をいく技術と、優秀な才能と、膨大な富が溢れる都会がある。でも私の腕には、命尽きたナディアが眠る。悪統治。民の苦しみなど気にもかけない為政者の仕業と、直感した。

脊髄に火がついたような気がした。

（『国をつくるという仕事』四頁）

この「脊髄に火が」つく経験を心の基礎に、南アジアの元首たちや草の根の人々との時に取っ組み合い、時に抱きしめ合う日々を、彼女は過ごす。ムシャラフ・パキスタン大統領、マンモハン・シン・インド首相、クマラトンガ・スリランカ大統領、ブータンのワンチュク雷龍王四世……。

私を含め多くの人は、途上国というと、劣悪な住環境や貧困、腐敗した政治などを思い浮かべるのではなかろうか。よってオバマ大統領には憧憬の念を持っても、途上国のリーダーたちから学ぼうとは、思いづらい。彼らから学ぶことは、ないだろう。なぜなら我々は彼らより前に進んでいる、と。

全くの大間違いである。学ぶことだらけだ、と彼女は『国をつくるという仕事』の中で語る。

何を？　リーダーシップだ。文字通り命を賭けたリーダーたちの生き様から、われわれは信じがたいほど多くのことを学べる。当然のようで気づいていなかった事実に、私は頭を殴られた気分になった。

【あなたの中に、リーダーはいる】

さらに彼女は、リーダーシップは、途上国の大統領が持っているだけではない、ということを次作「あなたの中のリーダーへ」で語る。

官僚的に部署同士で予算を奪い合い、机上の空論の融資計画を立てる世銀職員を変えるため、彼女はＶＩＰ（貧村没入計画）という、住み込み体験を始めた。

しかし「二の足を踏むものはまだいいほうで、「貧村や貧民街の視察を頻繁にしているから必要ない」と辞退する者や「貧しい国で育ったから時間の無駄」と意見する者などが、続出した。皆の不安は、自分の体験で知っていた。が、心を鬼にして「嫌なら部下とは思わない！」嫌々ながらも、重い腰が動き始めた」のだ。

一日二十四時間、働かなければ死神が勝つ極貧の毎日。精神的な安定や、夢、希望どころか、自分のための時間さえぜいたくな中、貧困解消を使命とする世銀職員は、罪悪感に打ちのめされた。村と家族が抱える問題を自分たちで解決しようと自主的に動く情熱が芽生えた。（中略）

職場に戻ったチーム精神は、同僚に飛び火した。類は友を呼び、伝染病のように広がっていった。

しばらくして次年度予算会議の時が来た。毎年醜い予算奪い合いに徹底する部長らが「まず貧民の視点から援助戦略の大局を見直そう」と提言し、部門を越えた会話が始まった。

（『あなたの中のリーダーへ』六三頁）

そう、「進んだ自分たちが、劣った彼らを援助する」という価値観が骨の髄まで染み込んだ世銀職員でも、貧民たちと起居を共にするという「体験」を経ることで、変革のリーダーシップを取れるようになっていったのだ。

何も大統領に、世銀総裁に、会社社長にならなくても、我々は、リーダーになれるのだ。

【すぐそこにいる、リーダーたち】

そして西水氏は三作目の本書で語りかける。読み手の背中に手を置き、穏やかに。「動きなはれ！」と。

その方法は、彼女らしい。自らがその場に身を置き、そこで見たリーダーシップの具体例を一つずつ挙げるのだ。

「緑の真珠」気仙沼大島の「おばか隊」
避難所で冷静に整然と列をなす被災者たち
刺し子をつくる、大槌の女性たち
「俺は負げねぞ！」と気仙沼で養殖業を営む若者
自発的に救援物資の配送を始めたヤマト運輸の社員たち
集落丸ごとの宿「集落丸山」の男衆女衆
岐阜県馬瀬の地元リーダーたち

地域に住む普通の人たち。彼らが震災や過疎化の中、危機感を持ち、立ち上がり連帯し、新しい地域がつくられていく。政治家や行政が私たちを救ってくれるのではなく、私たちが私たちを救う。そういう営みが、そこかしこに実はあるんだぞ、気づけ、と彼女は語るのだ。

【小さな体験によって変わった私の人生】

個人的な話をしたい。私は熱を出した子どもを預かる「病児保育」や、保育園では預かれない医療的ケアのある子に「障害児保育」を提供するNPOを経営している。社員数は四〇〇人を超え、ニューズウィーク誌からは「世界を変える100人の社会起業家」に選ばれたりもしている。

そういうとリーダーシップの塊のように思われるが、自分がこうした社会事業に踏み出したきっかけは、ちっぽけなものだった。ベビーシッターをしていた母が、私に愚痴ったのだ。「お気に入りのお客さんの双子のママが、仕事を失った」と。理由は、「子どもの看病で会社を休んだから。」保育園は熱を出した子は預かれないので、看病で休んだ母親に会社が激怒し、事実上の解雇になった、と。

そんなバカな、と思った。子どもが熱を出すなんて当たり前だし、親が看病するのも当然。しかし、そんなことで職を失う人がいる。この二一世紀に。世界第二位の経済大国で。馬鹿げている。

私にとっての、「脊髄に火がつく」経験だった。

そこから、大学卒業後にフリーターとなって、日本初の訪問型病児保育のＮＰＯを立ち上げていったのだった。

熱を出した子どもの家に保育者を派遣し、保育者は病院にも連れて行き、保護者が帰るまで、安全に保育を行う。ＷＥＢシステムで二四時間予約が可能で、ほぼ一〇〇％依頼には応える。こうした仕組みが、首都圏五〇〇〇世帯以上の働く家庭を助けている。

その後、社員の一人が子どもを保育園に入れられなかったことから衝撃を受け、「おうち保育園」というこれまでなかった九人のミニ保育所をつくった。それが政府に採用され、小規模認可保育所という制度ができあがり、二〇一六年現在、全国二六〇〇ヶ所に広がっている。

さらに、医療的ケアが必要な重い障害のある子どもたちが、ほとんど保育園から門前払いにされているという事実を知り、日本で初めて、医療的ケア児を長時間保育できる「障害児保育園ヘレン」を開園した。それは後に、障害者総合支援法の改正に繋がっていく。

どれも、ふとした「心に痛い」体験から、「脊髄に火がついた」ことによって、始まっていった。

【痛みは行動の糧に】

被災や近しい人の死。そうした大いなる悲劇だけが、我々を奮い立たせるのではない。ちょっとした痛み。心の棘のようなものが、一歩を踏み出すきっかけになることもある。

友人の曽山恵理子さんは、普通の働く母親だった。地元の友人たちが次々と「保育園に落ち」て、待機児童を抱える様を見て、これはおかしいと思った。心に棘を感じた。役所に文句を言ってやろう、と立ち上がった。ご自身のお子さんは待機児童ではなかったにもかかわらず。

そうして二〇一三年、役所の前で仲間たちとベビーカーをひいてデモを行ったら、メディアが殺到。杉並区は批判を浴び、慌てて認可保育所の増園計画を打ち出したのだった。俗に言う、杉並区保育園一揆である。

身近な人が困っている。そうしたちょっとした心の痛み、棘が、我々の背を押し、あれよあれよと現実を変えていく力になることは、あるのだ。

痛みは我々の行動の糧にもなる。変革の起点にもなる。これは希望だ。我々が日々感じている、困った、かわいそうに、おかしいよ、なんとかしないと、こうした痛みは、ともすれば体験したくないし、できれば降りかかってほしくはない。

しかし、しかしだ。

こうした心の痛みが、普通の我々を立ち上がらせ、現実を変えることに「使える」のであればば。我々に降りかかるものへの見え方は、受け止め方は、全く変わるのではなかろうか。


【さいごに】


わが国は二〇五〇年には高齢者が人口の四割を占める超高齢社会を迎える。一方で彼らを支える労働人口は今の三分の二に激減する。持続可能かどうか、答えはない。

なぜなら、我々が人類で初めて、こうした超高齢社会を迎えるからだ。

昔であれば欧米に視察に行けば知り得た答え。しかし官僚も政治家も、どうすれば良いかの答えは持っていない。この社会に生きる、我々が答えを出すしかない。そう、あなたが、あなたの持ち場でリーダーとなって、一ミリでもこの国を良くさせなければならないのだ。

でなければ我々の愛しい子ども達に、私たちは謝らなければならなくなる。「なぜあの時、変えてくれなかったの」という問いに、沈黙で返すしかなくなる。少なくとも私は、私の子ども達に、自分はベストを尽くした、と言いたい。だから私の持ち場で、小さな全力を尽くそうと思う。

この本を読み終えた皆さんの心の中で、わずかでもリーダーシップの鼓動が響くことを願う。皆さんが日々感じる痛みを抱きしめ、そこから湧き出る感情を糧に、あなたなりの変革をあなたの半径五メートルで生み出してくれることを。

きっと西水氏も、そう願っているに違いない。

［著者］

西水美恵子　Mieko Nishimizu

大阪府豊中市に生まれ、北海道美唄市で育つ。中学3年から上京。東京都立西高校在学中、ロータリークラブ交換留学生として渡米し、そのままガルチャー大学に進学。1970年に卒業後、トーマス・J・ワトソン財団フェローとして帰国。千代田化工建設に席を借りて環境汚染問題の研究に従事した後、再度渡米。1975年、ジョンズ・ホプキンス大学大学院博士課程（経済学）修了。同年、プリンストン大学経済学部兼ウッドロー・ウィルソン・スクールの助教授に就任。1980年、世界銀行に入行。開発政策局・経済開発研究所、産業・エネルギー局、欧州・中東・北アフリカ地域 アフガニスタン・パキスタン・トルコ局、国際復興開発銀行リスク管理・金融政策局局長、南アジア地域アフガニスタン・バングラデシュ・パキスタン・スリランカ局局長などを経て、1997年に南アジア地域副総裁に就任。2003年退職。現在、米国ワシントンと英国領バージン諸島に在留。世界を舞台に執筆や講演、さまざまなアドバイザー活動を続ける。2007年よりシンクタンク・ソフィアバンクのパートナー。

● 英治出版からのお知らせ

本書に関するご意見・ご感想を E-mail（editor@eijipress.co.jp）で受け付けています。また、英治出版ではメールマガジン、ブログ、ツイッターなどで新刊情報やイベント情報を配信しております。ぜひ一度、アクセスしてみてください。

メールマガジン	：会員登録はホームページにて
ブログ	：www.eijipress.co.jp/blog
ツイッター ID	：@eijipress
フェイスブック	：www.facebook.com/eijipress

私たちの国づくりへ

発行日	2016年11月25日　第1版　第1刷
著者	西水美恵子（にしみず・みえこ）
発行人	原田英治
発行	英治出版株式会社
	〒150-0022 東京都渋谷区恵比寿南 1-9-12 ピトレスクビル 4F
	電話　03-5773-0193　　FAX　03-5773-0194
	http://www.eijipress.co.jp/
プロデューサー	高野達成
スタッフ	原田涼子　藤竹賢一郎　山下智也　鈴木美穂　下田理 田中三枝　山見玲加　安村侑希子　平野貴裕　上村悠也 山本有子　渡邉吏佐子　中西さおり
校正	小林伸子
印刷・製本	シナノ書籍印刷株式会社
装丁	英治出版デザイン室

ISBN978-4-86276-241-2　C0030　Printed in Japan